AF107449

www.ingramcontent.com/pod-product-compliance
Lightning Source LLC
LaVergne TN
LVHW041626070526
838199LV00052B/3263
9788198129451

ثقافتی مزاحمت اور معاشرہ

اشعر نجمی

Bright Books

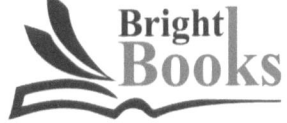

© Ashar Najmi

Saqafati Mazahmat Aur Muashra
by Ashar Najmi
Bright Books, Thane, India
1st Edition : October 2024
ISBN: 978-81-981294-5-1

اس کتاب کا کوئی بھی حصہ مصنف یا ناشر کی پیشگی اجازت کے بغیر کسی بھی وضع یا جلد میں
کلّی یا جزوی، منتخب یا مکرر اشاعت یا بہ صورت فوٹو کاپی، ریکارڈنگ، الیکٹرانک، میکینکل
یا ویب سائٹ پر اَپ لوڈنگ کے لیے استعمال نہ کیا جائے۔ نیز اس کتاب پر کسی بھی
قسم کے تنازعہ کو نمٹانے کا اختیار صرف ممبئی کی عدلیہ کو ہوگا۔

Bright Books
Mira Road East, Dist. Thane, India
nidabattiwala@gmail.com

فہرست

نو سامراجیت کے خلاف تہذیبی مزاحمت	اعجاز احمد/ ارجمند آرا	05
ایڈورڈ سعید سے مکالمہ (انٹرویو)	ایڈورڈ سعید/ کبیر علی	15
قبائیلوں میں مزاحمت کا استعارہ	آشوتوش بھاردواج/ عبدالسمیع	23
مسلح تنظیمیں اور مسلم معاشرے	خورشید ندیم	31
سفید فامی کا مذہب ایک خودکش مسلک	پنکج مشرا/ شوذب عسکری	35
مسلمانوں کا شناختی بحران	کیون میکہم/ سجاد اظہر	41
پاکستان میں اقلیتوں کی حالت زار	رازشتہ ستھنا/ سجاد اظہر	47
کوئی معاشرہ نسل کشی کو کس طرح یاد رکھتا ہے؟	سبھاش گاتاڈے/ اشعر نجمی	67
ایران میں کتابوں پر سینسر شپ	یادوبیندر/ احتشام الحق آفاقی	78

نوسامراجیت کے خلاف تہذیبی مزاحمت

اعجاز احمد

ترجمہ: ارجمند آرا

بین الاقوامی شہرت کے حامل مارکسی ادبی نقاد، سیاسی مبصر اور دانشور پروفیسر اعجاز احمد 9 مارچ 2022 کو وفات پا گئے۔ ان کی پیدائش اتر پردیش کے مظفر نگر ضلعے میں ہوئی۔

اعلیٰ تعلیم کے بعد انھوں نے امریکہ اور کناڈا کی کئی دانش گاہوں میں پڑھایا۔ بعد میں نہرو میموریل میوزیم اینڈ لائبریری (نئی دہلی) میں فیلو اور ٹورنٹو کی یارک یونیورسٹی میں سیاسیات کے وزٹنگ پروفیسر رہے۔

ادب کے طالب علموں میں انھیں سب سے زیادہ شہرت اپنی پہلی کتاب ان تھیوری کی اشاعت کے ساتھ ہی مل گئی تھی۔ ان کی دیگر اہم کتابیں ہیں:

Lineages of the Present: Ideological and Political Genealogies of Contemporary South Asia

Iraq, Afghanistan and the Imperialism of Our Time

On Communalism and Globalization- Offensives of the Far Right

In Our Time: Empire, Politics, Culture

اعجاز احمد نے جنوری 2008 میں بھوپال کی ایک ادبی تنظیم 'سروکار رسھکارِتا' کی دعوت پر فضل تابش کی یاد میں دو لیکچر بھوپال میں دیے تھے۔ لیکچرز کا موضوع 'نوسامراجیت کے خلاف تہذیبی مزاحمت' تھا۔

ان لیکچرز کا اہتمام فضل تابش کے دوست اور ہندی ادیب منوہر ورما نے کیا تھا۔ وہ فضل تابش کو ہندی اور اردو کے درمیان ایک کلچرل برج، ایک تہذیبی کڑی جیسا مانتے تھے۔ یوں اردو ہندی کے درمیان رابطے کی اس مضبوط کڑی کو یاد رکھنے کے لیے انھوں نے سالانہ 'فضل تابش یادگاری خطبہ' کا اہتمام کرنے کا فیصلہ کیا اور پہلے خطبے کے لیے پروفیسر اعجاز احمد کو مدعو کیا۔

اس پروگرام کے اہتمام میں ہندی کہانی کار مکیش ورما، ہندی شاعر مہندر گگن، معروف نقاد اور کل ہند انجمن ترقی پسند مصنفین کے جنرل سکریٹری پروفیسر کملا پرساد اور معروف شاعر جناب سدیپ بنرجی نے عملی تعاون دیا۔

انجمن ترقی پسند مصنفین کی چودھویں کانفرنس کے موقع پر، جو بیگو سرائے (بہار) میں 9 تا 11/ اپریل 2008 کو منعقد ہوئی، یہ خطبات دیوناگری رسمِ خط میں ایک خوبصورت کتابچے کی صورت میں انجمن کی جانب سے شائع کیے گئے۔

اشاعت میں اس بات کا اہتمام کیا گیا کہ ریکارڈ کیے ہوئے خطبے کو لفظ بہ لفظ چھاپ دیا جائے۔ چنانچہ یہ خطبے بول چال کی اردو میں ہیں اور ان میں ہندی اور انگریزی لفظوں کی آمیزش ہے۔

خطبات کا موضوع نہایت اہم ہے اور اعجاز احمد جیسے دانشور سے جس وسعت نظر اور گہرے تجزیے کی توقع کی جاسکتی تھی، وہ ان میں موجود ہے۔

چنانچہ اردو میں ان خطبات کی اشاعت سے نو سامراجیت کے دور میں ادیبوں کی ذمہ داریوں، یا تہذیبی مزاحمت کے حوالے سے ایک صحیح سمت میں مکالمے اور مباحثے کی راہ کھلے گی، اس توقع کے ساتھ ان خطبات کا اردو متن پیش کیا جارہا ہے۔

خفیف سی تبدیلی یہ کی گئی کہ تقریری زبان کے جملوں کی ساخت میں جگہ جگہ معمولی تبدیلی اس طرح کی گئی ہے کہ روانی قائم رہے۔ پوری احتیاط برتی گئی ہے کہ اس عمل میں کسی خیال، کسی عندیے کی روح مجروح نہ ہونے پائے، کچھ بھی چھوٹ نہ جائے اور زبان میں کوئی ایسی تبدیلی نہ کی جائے جو مقرر کی منشا کے خلاف ہو۔ یوں متن کو پوری ذمہ داری سے ترتیب دیا گیا ہے۔ ہندی الفاظ کا ترجمہ بھی کر دیا گیا ہے۔

اس تقریر کا اردو متن 'دی وائر' نے شائع کیا تھا جس میں دو خطبے تھے۔ ہم شکریے کے ساتھ یہاں صرف دوسرا خطبہ من وعن نقل کر رہے ہیں۔

دوسرا خطبہ

ایک شکل میں نے لاطینی امریکہ کی بتائی، جو پروگریسو ہے، دوسری بات سرمایہ کی کہی۔ خود سرمایہ داری

نظام کے اندر یہ چیز چل رہی ہے۔ تیسری بات یہ تھی کہ گلوبلائزیشن کا ایک بہت بڑا حصہ نئی ٹیکنالوجی اور عالمی منڈی پر مشتمل ہے۔

دو چیزیں میں نے آپ سے عرض کی تھیں۔ پہلے عالمی منڈی کی بات کرتا ہوں اسی کلچر کے حوالے سے۔اس میں تضادات ہیں۔مثلاً جب کتابوں کی عالمی منڈی بنی تو ادب میں کیا ہوا؟ گلوبلائزیشن کے زمانے میں ایک بہت بڑی چیز یہ ہوئی کہ ترجمہ اپنی اہمیت کے اعتبار سے اوریجنل رائیٹنگ کے پیڈ پر پہنچ گیا۔ادب میں ترجمے کو اتنی ہی اہمیت حاصل ہوگئی جتنی بجائے خود تخلیق کو حاصل ہوتی ہے۔

آج سے بیس سال پہلے ہندوستان کی کتابوں کی دوکانوں میں لاطینی امریکہ کے ناول کتنے ملتے تھے؟ اب کتنے ملتے ہیں؟ میرا خیال یہ ہے کہ دنیا میں جتنے لوگوں نے مارکیز کو ہسپانوی زبان کے علاوہ زبانوں میں پڑھا ہے، اتنا شاید ہسپانوی میں نہ پڑھا ہو،اور یہ کوئی معمولی بات نہیں کہہ رہا ہوں۔

مارکیز کا ہسپانوی ناول لاکھوں کے ایڈیشن میں چھپتا ہے۔ بچہ بچہ پڑھتا ہے۔لاکھوں کے ایڈیشن چھپتے ہیں ہسپانوی کے۔لیکن پھر بھی میرا خیال ہے کہ اس سے بھی زیادہ لوگوں نے اسے انگریزی، فرینچ اور دوسری زبانوں میں پڑھا ہوگا۔ترکی کے بڑے ادیب ناظم حکمت کو آپ پڑھ سکتے ہیں۔آج سے بیس سال پہلے انگریزی یا فرانسیسی زبان میں عربی کا کوئی بڑا ادیب شاید ہی دیکھنے کو ملتا تھا۔

اب محمود درویش جو عربی زبان کے سب سے بڑے شاعر ہیں، شاید کمیونسٹ بھی ہیں یا تھے، کم سے کم دس سال پہلے تک، ان کی پانچ کتابیں پچھلے چار سال کے اندر انگریزی میں بہت اچھا ترجمہ ہو کر آئی ہیں۔ نجیب محفوظ کے ناول ملتے ہیں۔ پرمودیہ کا آج سے دس سال پہلے ایک بھی ناول نہیں ملتا تھا، اب پورے نو ناول انگریزی میں ملتے ہیں۔گلوبلائزیشن نے یہ ایک کام کیا ہے۔

کیونکہ پچھلے دوسو سال کے بڑے سامراج انگریزی کے ہیں، برطانیہ اور امریکہ کے ہیں، چنانچہ ان کی زبان گلوبلائزیشن کی زبان ہے، وہ ایک عالمی زبان ہے۔اس کے جو منفی اثر پڑے ہیں، ان کی بات بھی کروں گا لیکن میں ذرا اس کے فائدے کی بات کر رہا ہوں۔

اب آپ دنیا کے ادب کا بہت بڑا حصہ پڑھ سکتے ہیں، کیونکہ ایک عالمی منڈی بنی ہے جس کی وجہ سے یہ کتابیں آپ کو دستیاب ہیں۔ترجمے ہوتے ہیں، بلکہ ہر اس زبان میں ہوتے ہیں جو دنیا کے اکثر پڑھے لکھے لوگ کسی نہ کسی حد تک جانتے ہیں۔

تو سامراج نے جو زبان بنائی ہے، آپ کی ایک عالمی زبان، ظاہر ہے اس کا فائدہ آپ اٹھا سکتے ہیں۔ ایک ہی قسم کے گلوبرلائزیشن میں یہ دو قسم کے متضاد رجحان ساتھ ساتھ چل رہے ہیں۔

تو تاریخ میں پہلی بار ہم ورلڈ لٹریچر کی بات کر سکتے ہیں؛ ریجنل نہیں، نیشنل بھی نہیں، بلکہ ورلڈ لٹریچر کی۔ مارکس نے کمیونسٹ مینوفیسٹو میں لکھا ہے کہ ریجنل اور نیشنل لٹریچر سے نکل کر ایک ورلڈ لٹریچر بنے گا۔ وہ بن

رہا ہے۔آپ پڑھ سکتے ہیں۔ کچھ عالمی زبانیں ہیں جن میں آپ پڑھ سکتے ہیں۔

ان میں سے صحیح زبان آپ سیکھ لیجیے؛ انگریزی یا فرانسیسی۔اس میں دنیا کے جانے پہچانے بڑے ادیبوں میں سے بہت سے لوگ آپ کو مل جائیں گے۔اس سے ایک عالمی ادبی کلچر بنا ہے۔

آج جب آپ انگریزی کے ناول پڑھتے ہیں تو ذرا سوچیے کہ امریکی یا برطانوی کتنے لوگوں کو پڑھتے ہیں؟ انڈین جو انگریزی میں لکھ دیتا ہے؛ سلمان رشدی ہوں یا کوئی اور۔جو افریقی لکھ دیتے ہیں یا جو لیٹن امریکن ہیں ان کا ترجمہ آجاتا ہے وہی آپ پڑھتے ہیں۔

آج کل جو برٹش ناولسٹ ہیں، ان میں تو میرا خیال ہے کہ آدھے سے زیادہ پڑھے لکھے لوگوں کو نام بھی یاد نہیں ہوں گے کہ آج برطانیہ کا کون کون سا ناولسٹ بڑا سمجھا جاتا ہے۔تو عالمی ادب اور عالمی قارئین کا طبقہ پیدا ہوا ہے۔

دوسری چیز یہ ہوئی ہے کہ اس پر تیسری دنیا کے لوگ ایشیا، افریقہ، لاطینی امریکہ کو لوگ حاوی ہیں۔اور اس عالمی ادب میں یہ لوگ لیفٹ کے لوگ ہیں۔لبرل لیفٹ سے لے کر کمیونسٹ تک۔

پابلو نرودا کمیونسٹ تھا۔ناظم حکمت بھی کمیونسٹ ہے، محمود درویش اور پرمودیہ بھی کمیونسٹ ہیں۔مارکیز کا تو فیدل کاسترو نے ریویو لکھا ہے۔یہ بہت خوبصورت ریویو ہے۔یہ آٹو بایوگرافیکل ہے؛ چالیس سال کی ذاتی دوستی پر مبنی۔

تو نتیجہ یہ نکلا کہ یہ جو عالمی ادب بن رہا ہے، اس کی بنیادی طور پر لیفٹ، مرکز کے بائیں جانب کی شناخت ہے۔ادب کی دنیا میں جو سب سے بڑے نام ہیں، اِسی انگریزی زبان کے ذریعے جن کی عالمی شہرت ہوئی ہے، وہ تیسری دنیا کے اور بائیں بازو سے وابستہ لوگ ہیں۔اسی طرح لٹریری تھیوری جو بنی ہے جس کا دنیا میں بڑا چرچا ہے، اور جس کو پڑھانے میں انگریزی کے ہر ڈپارٹمنٹ کو اتنا جوجھنا پڑتا ہے، وہ بھی لیفٹ کی تھیوری ہے۔

امریکہ میں، کینڈا میں، نصاب کیا ہوتا ہے؟ سوویت سیمیولوجسٹ، والسینٹ، لوکاچ، گرامشی، ریمینڈ ولیمس، ٹیری ایگلٹن، بینجامن؛ سارے نام لیتے جائیے آپ۔ وہ یا تو مارکسزم کے کامریڈ ہیں یا مارکس اورینٹیڈ ہیں، ایڈورنو وغیرہ۔

تو وہی امریکن اور فرینچ یونیورسٹیز جہاں لٹریری کرٹیسزم کو ہٹا کر لٹریری تھیوری لائی گئی ہے، ان کا بنیادی مواد مارکسزم ہے، لیفٹ سے اخذ ہے۔

یوں ایک پوری کلچرا انٹلی جینسیا پیدا ہو رہی ہے دنیا میں دانشور طبقہ پیدا ہو گیا ہے جو ماکسسٹ ہے۔پوسٹ ماڈرن ازم پورا رائٹ وِنگ نہیں ہے۔آپ جانتے ہیں فوکو نے کہیں لکھا ہے کہ لوگوں کو دکھائی نہیں دیتا ہے کہ میری کتابوں میں کتنا مارکسزم ہے، میں جب مارکس کا حوالہ دیتا ہوں تو کوٹیشن مارک نہیں لگاتا ہوں۔

جو پوسٹ ماڈرن ازم کا رائٹ ونگ ہے، وہ اس کے خلاف اٹھے ہیں۔ یہ جو کلچرل ہیجی منی

(hegemony) ہے، لٹریری غلبہ ہے وہ لیفٹ کا ہے اور یہ گلوبلائزڈ ہے۔ اس میں ایڈورڈ سعید بھی شامل ہیں۔ ہماری کتابیں بھی بہت پڑھائی جاتی ہیں۔ ہمارے ادیبوں میں انگریز بھی ہیں، جرمن بھی ہیں، سوویت بھی۔ برازیل کے بہت ہی عظیم ادبی نقاد روبرتو شوارز (Roberto Schwarz) ہیں۔

ان کی دو کتابیں انگریزی میں آ گئی ہیں۔ میرا خیال ہے کہ یہ اگلے دو تین سال کے اندر امریکہ، برطانیہ وغیرہ کی یونیورسٹیز میں شوارز کو ایسے ہی پڑھایا جائے گا جیسے کہ لوکاچ کو پڑھایا جاتا ہے۔ تو یہ کلچرل آفینسیو ہے، لیفٹ کی کلچرل یورش۔

کلچر کی جب ہم بات کرتے ہیں تو کن کن چیزوں کی بات کرتے ہیں؟ یہ گلوبلائزڈ ادارے ہیں۔ انگلش ڈپارٹمنٹ ہمارے یہاں ہر کالج میں ہوتا ہے۔ تو یہ گلوبلائزڈ ادارہ کہلائے گا، مقامی نہیں۔ اس پر سایا ہوتا ہے ہارورڈ کا، اوکسفرڈ کا۔ ان اداروں کے اندر یہ کشمکش جاری ہے۔

ادب سے آپ کیا مراد لیتے ہیں؟ آپ امریکہ میں کسی سے بھی پوچھ لیجیے کہ آج سب سے بڑا نقاد کون ہے؟ جواب ملے گا؛ فرنز ڈیوس۔ وہ ان کے خلاف ہیں لیکن ان کا اسٹیچر ہے۔ مارکسزم تو ان کے لیے ایسا جن بن چکا ہے جو آپ کو چین سے نہیں بیٹھنے دے گا۔ دریدا کی کتاب ہے نا 'اسپیکٹرس آف مارکس'۔ تو یہ اسپیکٹرس جو ہیں وہ دنیا کے پیچھے لگے ہیں۔

آج سنیما بھی گلوبلائزیشن کا حصہ ہے۔ ان سب چیزوں کی میں آگے چل کر بات کروں گا اور کلچر کے میدان میں لیفٹ کو سنگھرش کرنا ہے، کرتے رہے ہیں، آئندہ بھی کرتے رہیں گے۔ اس کی وجہ یہ ہے کہ سامراج کے دور میں اور گلوبلائزیشن جسے ہم کہتے ہیں، اس دور میں کلچر آپ کی زندگی میں طرح طرح سے داخل ہوتا ہے۔ ماضی کی بہ نسبت زیادہ شدت کے ساتھ کلچر اب داخل ہو رہا ہے۔

جس ایک کلچر پر اب میں تھوڑی بات کروں گا، وہ ہے ذرائع ابلاغ یا مینس آف کمیونیکیشن کا۔ ان کے ذریعے آپ کی اقدار، آپ کے خیالات، آپ کے نظریات کی ترسیل ہوتی ہے۔ ان سے آپ کا لاشعور بنتا ہے، عام سمجھ بوجھ بنتی ہے۔ ترسیل کا یہ کام پہلے زیادہ تر اسکولوں اور کالجوں میں ہوتا تھا۔ میں آپ کو ذرا چونکانے کے لیے کہہ رہا ہوں، اب وہ ٹیلی ویژن کے ذریعے ہوتا ہے۔

کالونیل دور میں ایک کالونیل اسکولی نظام تھا۔ آبادی کا ایک چھوٹا سا حصہ ان اسکولوں میں جاتا تھا۔ دو چار چھ گھنٹے بچہ وہاں بیٹھتا تھا پھر گھر آ جاتا تھا۔ کلونیل کلچر کا اس کا ایکسپوزر بہت محدود تھا۔ پھر چھٹیاں ہو جاتی تھیں۔ تین تین مہینے تک بچے گھر کے کلچر میں رہتے تھے۔

کالونیل نصاب آپ کی زندگی کا ایک حصہ تھا۔ ٹیچرز جو عام طور پر پروگریسیو لوگ ہوتے تھے، نیشنلسٹ اور سامراج مخالف لوگ ہوتے تھے، اسی نصاب میں سے کچھ اور نکالتے تھے۔ تو اس طرح نصاب میں بھی ایک قسم کی کھینچا تانی چلتی تھی۔ کالونیل حکمراں چاہتا تھا آپ یہ سیکھیں اور آپ کے جو ٹیچرس تھے پروگریسیو یا

نیشنلسٹ، وہ کہتے تھے، نہیں۔

اسی زمانے میں پھر ریڈیو آیا۔ ریڈیو حکومت کا تھا۔ سرکار جو کہنا چاہتی، جو آپ کو سنانا چاہتی تھی، سناتی تھی۔ برطانیہ کی سرکار تھی۔ پھر آپ کی نہرو کی حکومت بنی، اس نے ریڈیو کا دوسرے طریقے سے استعمال کرنا چاہا، بنیادی اور تعمیری وغیرہ وغیرہ۔

ٹیلی ویژن کے بارے میں سب سے اہم بات تو یہ ہے کہ اس کے ذریعے آپ کے گھر میں بورژوا کلچر داخل ہوتا ہے۔ بورژوا اقدار، تفریح کے بورژوا ذرائع۔ جس گھر میں ٹیلی ویژن آتا ہے، اس میں شام کو آپس کی بات چیت ختم ہوجاتی ہے اور اس کی جگہ بورژوازی کا ایک اسٹڈی سرکل لگتا ہے ہر گھر میں، جہاں ان کی اقدار کے مطابق تفریح، گانا بجانا، ڈرامہ خبریں، سب کچھ ملتا ہے۔

اب آپ کی برین واشنگ ہوتی ہے، یہ اسکولوں میں یا ادھر ادھر نہیں ہوتی بلکہ آپ کے گھر میں ہوتی ہے اور کیونکہ اس میں وِژوئل ہیں تو آپ نہ صرف وہ دیکھتے ہیں، بلکہ ویسا ہی سوچنے بھی لگتے ہیں، اور جیسا کہ میں کل بات کر رہا تھا، آپ کی جسمانی حرکات، باڈی مومنٹ پر بھی اس کا اثر ہوتا ہے۔

عشق کیسا ہوتا ہے، کیا کرنا چاہیے، اقدار کیا ہیں وغیرہ، زندگی کے ہر پہلو کے بارے میں آپ کا اسٹڈی سرکل لگتا ہے روزانہ۔ اگلی سطح اس کی یہ ہے کہ یہ ذریعہ ترسیل پرائیویٹائزڈ ہوتا ہے اور قومی تعمیر کا جو پروجیکٹ تھا اس سے اس کو توڑا جاتا ہے، ساتھ ہی وہ گلوبلائزڈ ہوتا ہے۔

کل جو میں بات کر رہا تھا کہ وہ سنگاپور میں بیٹھ کر، تھائی لینڈ میں بیٹھ کر نشر کرتے ہیں، وہ ولگرائز یہیں سے ہوتا ہے، فحش یہیں سے ہوتا ہے۔ پہلے زمانے میں ریڈیو تعلیم کا ایک ذریعہ تھا۔ آپ جانتے ہیں کہ آل انڈیا ریڈیو کے پاس انڈین کلاسیکل میوزک کا خزانہ ہے۔

ٹی وی ہمیں اس کلچر سے دور کرتا ہے۔ آپ کا جو مزاج ہے، اس سے دور کرتا ہے۔ بالکل الگ طرح کی تفریح کا ذریعہ بنتا ہے۔ آپ کا میوزک کا الگ ذوق بنتا ہے جو ولگرائزڈ ہوتا ہے، کمرشیلائزڈ ہوتا ہے۔ بیس منٹ کی، آدھے گھنٹے کی نیوز میں خبریں دس منٹ کی ہوتی ہیں، بیس منٹ ایڈورٹائزنگ کے ہوتے ہیں۔ جب ایڈورٹائز آتا ہے تو اس کی آواز اونچی ہوجاتی ہے۔

اسپورٹس بھی عالمی تفریح کے ذریعے میں تبدیل ہو چکا ہے۔ کرکٹ میں آپ ایک وقت میں ایک اوور دیکھتے ہیں، اسی پر کمنٹری سنتے ہیں، اوور کے بیچ میں چار ایڈورٹائز دیکھتے ہیں۔ ہر کھلاڑی کا بدن ایڈورٹائزمنٹ ہوتا ہے۔ کھیل کا میدان ایڈورٹائزمنٹ سے بھرا ہوتا ہے۔

وکٹ گرتا ہے تو پھر کارپوریٹ کیپٹل کے عیش ہوجاتے ہیں کیونکہ وہ پھر آپ کو دس اشتہار دکھادے گا۔ کوئی فرق نہیں پڑتا کس کا وکٹ گرا! وہ آسٹریلین ٹیم کا ہو، انڈین ٹیم کا ہو، پاکستانی کا ہو، کوئی فرق نہیں پڑتا۔ کرکٹ کو ٹیلی ویژن پر دکھانے کا بنیادی مقصد تو اسے اشیا کے اشتہار کے لیے استعمال کرنا ہے۔

آپ کے جو کرکٹ کے کھلاڑی ہیں، وہ چلتی پھرتی اشیا ہیں۔ وہ اشتہار کی مدد سے اشیا بیچتے ہیں۔ ان سب کا اشیائے صرف میں بدل جانا آپ زندگی کے ہر شعبے میں دیکھ سکتے ہیں۔ یہ بھی آپ کے کلچر کا حصہ ہے نا؟ ایک زمانے میں اسپورٹس لی جینڈ لیز رتھا، اور اسپورٹس میں ثانوی اقدار بھی پائی جاتی تھیں۔ آج ماڈرن کلچرل مینس جو ہیں وہ ہیں ٹیکنالوجیکل مینس، ایک ہی مرکز سے بنائی گئی اشیا۔ سینٹرلی پروڈیوزڈ۔

یہ میں کہہ رہا ہوں کہ کلچر آپ کی زندگی میں داخل ہوگئی ہے اور پہلے سے زیادہ داخل ہے۔ آپ کی زندگی کا کوئی حصہ اس کے بغیر نہیں رہ گیا ہے۔ جو کل ماڈرن پینٹنگ کی تکنیک تھی وہ آج آپ کی ایڈورٹائزنگ کی تکنیک ہے:

Fast cutting and narrative which has no story

وہ جب آپ کے ٹیلی ویژن پر فلموں کے اشتہار دکھاتے ہیں، ایک سین سے کاٹ اور ایک اس سین سے جوڑ کر، ایک گانا، تھوڑی سی آواز، انٹرکٹنگ؛ خالص ماڈرنسٹ۔ آج سرمایہ دارانہ ترسیل کا عہد ہے جو کسی زمانے میں ماڈرن ازم تھا وہ بورژوا اصلاحات کے خلاف بغاوت کا درجہ رکھتا تھا۔ وہ بھی اب آپ کے ہاں ایڈورٹائزنگ میں ہے۔

اب دوسری ٹکنالوجیز پر بات کریں۔ چلیے پہلے سیل فون کی بات کر لیتے ہیں۔ سیل فون کیوں ایجاد ہوا؟ آفس آپ جاتے ہیں۔ صبح نو بجے آپ کا کام شروع ہوتا ہے، پانچ بجے ختم ہوتا ہے۔ اس سے پہلے اور اس کے بعد کا وقت آپ کا اپنا ہے۔

سیل فون آپ ایجاد کر دیجیے، آپ کے پاس میسیج آتے رہیں گے: فلاں کام کرلو، فلاں چیز دیکھ لو، فلاں ڈوکیومنٹ تیار کر لینا، صبح جب آؤ گے تو فلاں ڈوکیومنٹ تم سے چاہیے۔ آپ کسی کام پر بھیجے جاتے تھے، وہ کر کے آپ لوٹ کر دفتر آتے تھے تو افسر آپ سے کہتا تھا کہ اچھا اب تم فلاں جگہ چلے جاؤ۔

اب وہ راستے میں ہی آپ کو سیل فون پر بتاتا ہے کہ یہاں آنے کی ضرورت نہیں ہے، فلاں جگہ چلے جانا، فلاں جگہ چلے جانا۔ آپ آکر رپورٹ دیتے تھے، لیکن اب ہوتا ہے کہ کام ختم ہو جائے تو سیل پر مجھے بتا دینا۔ اس سے کام کے اوقات اور فرصت کے اوقات میں کوئی فرق نہیں رہ گیا ہے۔ اب آپ ہر وقت کام پر ہوتے ہیں۔

یہ تو آپ نے دیکھا ہوگا کہ کارپوریشن میں جو لوگ کام کرتے ہیں ان کے ایک ہاتھ میں بلیک بیری اور دوسرے ہاتھ میں پام ہوتا ہے۔

انھیں بہت پیسہ ملتا ہے لیکن اسے خرچ کرنے کے لیے وقت نہیں ملتا۔ maximization of efficiency کے لیے یہ چیزیں ایجاد ہوئی تھیں۔ آج ہر ٹیکنالوجی کا یہی حشر ہوتا ہے۔ کیپٹل ازم نے یہ ٹیکنالوجی اپنی ہی اغراض کے لیے ایجاد کی ہے۔

آپ اسے اپنی ضروریات کے لیے استعمال کرنا شروع کیجیے لیکن وہ پھر اس کے اندر داخل ہو جائیں

گے۔ اس پر وہ دھڑا دھڑ ایڈورٹائزمنٹ بھیجیں گے، ہزار چیزیں بھیجیں گے اسی سیل فون پر۔ اب آپ سیل آن رکھتے ہیں۔ پہلے تو یہ ہوتا تھا کہ بھیا، میں گھر پر نہیں تھا، آپ کا فون آیا تھا مجھے پتا نہیں چلا۔

اب تو بہت ہی آسان ہے، آپ سیل فون ہر وقت آن رکھیے اور تھوڑی بہت دیر کے لیے آپ بند بھی کر دیجیے، لیکن جوں ہی کھولیں گے، اس میں لاتعداد میسیج ہوں گے، پھر آپ کھٹ کھٹ ان کا جواب دیں گے۔ یہ جو زندگی کی تیز رفتاری ہے یہ دراصل زندگی کا کمرشیلائزیشن ہے۔

پھر اسی سیل فون پر آپ فلمی گانے ڈاؤن لوڈ کر سکتے ہیں، اسی پر آپ ویڈیوز ڈاؤن لوڈ کر سکتے ہیں۔ یعنی آپ کو ایسا وقت نہ ملے جس میں آپ کچھ سوچ سکیں، جب آپ کام نہیں کر رہے ہوں۔ لیکن اسی چیز سے آپ کی زندگی میں اور چیزیں بھی بڑھی ہیں۔ بہت دور دنیا میں پھیلے لوگوں سے آپ ہر وقت رابطہ رکھتے ہیں۔

اب انٹرنیٹ کی بات کرتے ہیں۔ انٹرنیٹ امریکن اسٹیٹ ڈپارٹمنٹ نے ایجاد کیا تھا، امریکہ کے ڈیفینس ڈپارٹمنٹ نے۔ کمپیوٹر بھی انھوں نے ایجاد کیا، نیٹ تو بہت بعد میں آیا۔ کمپیوٹر انھوں نے ایجاد کیا تھا ملٹری پروڈکشن اور ملٹری کمیونیکیشن کے لیے۔ کسی اور سمندر میں آپ کا بحری جہاز ہے، اس سے رابطہ قائم کرنا ہے۔ اس کے لیے ٹکنالوجی ایجاد ہوئی تھی۔

آج بھی نیٹ پر جو میسیج ہیں ان میں سے بہتر سے اسّی فی صد تک ملٹری اور فائنئنس سے متعلق ہوتے ہیں، فائنشیل مینجمنٹ سے تعلق رکھتے ہیں۔ یہاں میں فائنینشیل مینجمنٹ کی بھی بات کروں گا۔

دنیا کی پونجی، نیشنل کیپٹلز کو جوڑ کر آپ گلوبل کیپٹل کیسے بناتے ہیں؟ ایک اسٹاک ایکسچینج ٹوکیو میں ہے، ایک فرینکفرٹ میں ہے، ایک بمبئی میں ہے، ایک نیو یارک میں ہے۔ یہ کیپٹل کے مخصوص ادارے ہیں۔ ایکسچینج کا سرمایہ یہاں پر بھی ہے وہاں پر بھی ہے۔

ایک اسٹاک ایکسچینج میں آپ حصہ لینا چاہتے ہیں۔ آپ کا میسیج اگر دو منٹ بھی لیٹ پہنچے گا تو ٹرانزیکشن ہو چکی ہوگی۔ میسیج بھیجنے میں اگر آپ وقت abolish کر دیں تو گلوبل کیپٹل ایک سنگل اینٹی ٹی بن جاتا ہے۔ جب تک میسیج بھیجنے اور ریسیو کرنے میں ایک دو منٹ کا بھی فرق ہے، ٹوکیو کی ٹرانزیکشن، نیو یارک کی ٹرانزیکشن، ایک ٹرانزیکشن کا حصہ نہیں ہے، کیونکہ وہاں جو مقامی آدمی بیٹھا ہوا ہے اس میں فائنینشیل فیصلے لینے کی کا ٹیلنٹ ہے۔

نیٹ کا کام یہ ہے کہ وہ ٹرانسمیشن اور میسیج کے وقت کے فرق کو ایک طے شدہ قیمت پر، صفر پر لے آتا ہے۔ دنیا میں کہیں سے کہیں نیٹ پر یا سیل فون پر میسیج بھیجنے کی قیمت کچھ بھی نہیں رہ گئی ہے۔

تو یہ بالکل غیر اہم بات ہے کہ یہ بمبئی میں اسٹاک ایکسچینج ہے، یہ فلاں، وہ فلاں ہے۔ گلوبل کیپٹل میں گلوبل کیپٹل ٹرانزیکشن آج ایک ساتھ ایک ہی وقت میں ہوتا ہے۔ اس ٹکنالوجی کی وجہ سے گلوبل کیپٹل سچ مچ آپس میں مربوط ہو گئی ہے۔

نیٹ کو بنایا انھوں نے اس کام کے لیے تھا لیکن ہم لوگ اپنی ریسرچ کے لیے استعمال کرتے ہیں۔ جو

لوگ انٹرنیٹ پر ریسرچ کر سکتے ہیں، ان کی ریسرچ زیادہ گہری ہوگی۔ جو انٹرنیٹ پر نہیں کر سکتے صرف مقامی لائبریری میں کرتے ہیں اس میں اتنی گہرائی اور وسعت نہیں ہوگی۔ انٹرنیٹ پر آپ بہت کچھ ریسرچ کر سکتے ہیں، اس کا احساس مجھے عراق کی جنگ کے دوران دوسری طرح سے ہوا۔

وہ یہ کہ نوم چومسکی صاحب کے پاس دس بارہ ریسرچ اسسٹنٹ ہیں۔ بوسٹن میں وہ بیٹھے ہوئے ہیں۔ وہ جس طرح سے انفارمیشن جمع کر سکتے ہیں، ہم تو نہیں کر سکتے دہلی میں بیٹھ کر۔ پھر نیٹ آ گیا۔

عراق کی جنگ کے دوران میں روزانہ دنیا بھر کے چالیس پچاس اخبار پڑھتا تھا۔ روس کے اخبار میں کیا لکھا ہے، آسٹریلیا کے اخبار میں کیا لکھا ہے، قاہرہ کے اخبار میں کیا لکھا ہے، سب دیکھتا تھا۔ میری بیٹی بیٹھی ٹی وی کی خبریں دیکھتی تھی۔

میں ٹی وی صرف اس وقت دیکھتا تھا جب وہ چیخ کر کہتی تھی، آیئے یہاں جلدی سے، فلاں چیز آ رہی ہے، دیکھ لیجیے آپ۔ نتیجہ یہ ہوا نیٹ کا کہ اب ہماری بھی ریسرچ جو ہوتی ہے، ہمارا جو مضمون ہوتا ہے، اس میں اتنی ہی ریسرچ ہوتی ہے جو نوم چومسکی صاحب کے آرٹیکل میں ہوتی ہے۔ تو نیٹ سے ریسرچ کی کوالٹی بہتر بنتی ہے۔

اور کیا تبدیلی ہوئی ہے؟ میں بات کر رہا تھا ولگرائزیشن (vulgarization) کی۔ ورگلائزیشن آف نیوز۔ ایک زمانہ تھا جب آپ کہہ سکتے تھے کہ میں نے بی بی سی پر سنا ہے، چنانچہ درست ہوگا، ٹھیک ہوگا، سچ ہوگا۔ اب آپ نہیں کہہ سکتے۔

بی بی سی اور سی این این میں کوئی خاص فرق نہیں رہا۔ سب پروپیگنڈہ مشین ہے، جھوٹ ہے۔ اخبارات کا بھی یہی حال ہوگیا ہے۔ آج سے دس سال پہلے انگریزی زبان میں ہمارے یہاں آٹھ دس اخبار ہوتے تھے۔ اب ایک 'ہندو' رہ گیا ہے۔ 'ٹائمز آف انڈیا' اور 'ہندوستان ٹائمز' تو اب نیم فحش چیتھڑے ہیں۔ یہ پورنوگرافی گھر میں منگانے میں تکلیف ہوتی ہے۔

تو اخبار سے اور ٹی وی سے نیوز حاصل کرنا ایک پروگریسیو آدمی کے لیے بہت مشکل کام ہے۔ اس خلا کو پُر کرنے کی کوشش کی جا رہی ہے۔ نیٹ پر سیکڑوں بلاگس ہیں۔ ایک دو بڑی سروسز ہیں۔ جی نیٹ، کاؤنٹر پنچ، جی ایف او۔ یہ سب پرسنل بلاگس ہیں۔

آپ کو سیریا کی خبریں لینی ہیں، تو دس پندرہ تو میں بتا دوں گا کہ نیٹ پر کیا کیا، کس کس کو پڑھنا چاہیے۔ بولیویا کی خبر آپ کو لینی ہے، میں آپ کو بتا دوں گا کہ فلاں فلاں چار کو پڑھ لو۔ تمھیں روزانہ پتا چلتا رہے گا کون سے گاؤں میں کیا جدوجہد چل رہی ہے۔ نیٹ آج بائیں بازو والوں کے درمیان عالمی رابطے کا ذریعہ بن چکا ہے، انفارمیشن میڈیا بن چکا ہے۔

ایک ایمیل کا نظام ہے۔ آپ کو کوئی بات پوچھنی ہے، کچھ پتا کرنا ہے تو آپ کسی کو لکھ دیجیے۔ وہ فوراً آپ کو جواب بھیج دیں گے کہاں کیا ہو رہا ہے۔ میں ایمیل سے بھیج دیتا ہوں اپنے دوست کو کہ فلاں اخبار میں یہ خبر

چھپی ہے، کیا ہے، قصہ کیا ہے۔ جواب آجاتا ہے، سچ کیا ہے، کون جھوٹ بول رہا ہے۔ تو اس سے ایک گلوبل کمیونٹی پیدا ہوئی ہے انفارمیشن پیڈیولوجی کلچر کی، میوچول سسٹم بنا ہے۔

مثلاً جب عراق پر حملہ ہونے والا تھا، جو مارچ میں ہوا۔ 14 فروری کو ایک عالمی مظاہرہ ہوا جس میں پندرہ بیس ملین، یعنی ڈیڑھ کروڑ لوگوں نے شرکت کی۔ یہ مظاہرہ نیوزی لینڈ اور آسٹریلیا میں شروع ہوا جہاں سورج پہلے اٹھتا ہے۔ اس کے بعد جہاں جہاں سورج اٹھتا گیا وہاں وہاں مظاہرہ چلتا رہا۔

آخری مظاہرہ کیلی فورنیا میں شروع ہوا کیونکہ وہاں سورج سب سے بعد میں ابھرتا ہے۔ دنیا کی تاریخ میں پہلی بار ایک عالمی احتجاج ہوا، پوری دنیا میں ایک ساتھ۔ یہ جو نئے کمیونیکیشن ہیں، ان سے آپ ایسا کر سکتے ہیں۔ جو پروگریسیو لوگ ہیں، جو ایکٹیوسٹ کمیونٹیز ہیں، ان کو آپ اس طرح سے جوڑ سکتے ہیں۔ ترسیل کے ذرائع موجود ہیں۔

آپ کے اندر پالٹیکل وِل ہے یا نہیں ہے یہ کرنے کی، الگ بات ہے۔ آپ کے پاس تنظیم ہے یا نہیں ہے، یہ دوسری بات ہے۔ لیکن کلچر اور انفارمیشن کے میدان میں عالمی پیمانے پر سامراج سے لوہا لینے کے تکنیکی ذرائع پیدا ہو چکے ہیں۔ انھیں آپ استعمال کیجیے۔

یہ ظاہر بات ہے کہ آپ کیسے ان کے خلاف سنگھرش کریں گے۔ آپ انفارمیشن کا تبادلہ کریں گے، بورژوازی کے پاس اخبارات اور ٹی وی ہے، ان کو آپ سائڈ لائن کیجیے، اپنی بنائیے۔ ٹکنالوجی نسبتاً سستی بھی ہے۔ ہر آدمی کے لیے تو سستی نہیں لیکن جسے تنخواہ ملتی ہے، جس کے پاس نوکری ہے وہ ایک چھوٹا لیپ ٹاپ، ایک چھوٹا سا کمپیوٹر خرید سکتا ہے۔

اور چپ آپ کو مل جائے گا کوئی دو چار سو روپے کی ماہانہ ادائیگی پر، جس سے آپ نیٹ لگوا لیں گے گھر میں۔ تو بنیادی چیزیں یوں فراہم ہو سکتی ہیں۔

کل میں بات کر رہا تھا کہ ایک تو کلچرل کمیونیکیشن کے پرانے ذرائع ختم نہیں ہوئے ہیں۔ ان کی بڑی وقعت ہے، بڑی ضرورت ہے۔ نیٹ سے وہ کام نہیں ہو سکتا جو یونیورسٹیز میں، کالجوں میں ہوتا ہے۔ نیٹ سے وہ کام نہیں ہو سکتا جو ٹریڈ یونین بنانے سے ہوتا ہے، سیاسی جماعت بنانے سے ہوتا ہے۔ کیونکہ دنیا جو ہے وہ اور طرح سے چلتی ہے۔

لیکن اس ٹکنالوجی کو ان چیزوں سے جوڑنے کی بہت ضرورت ہے کیونکہ سرمایہ دار اور سامراج اس ٹکنالوجی کو استعمال کرتا ہے، دنیا میں اپنی طاقت بڑھانے کے لیے۔ لیکن وہی ٹکنالوجی جب پبلک ڈومین میں آتی ہے، آپ تک پہنچتی ہے تو وہ آپ اپنے لیے استعمال کر سکتے ہیں۔

ایسا حکومتیں بھی کر سکتی ہیں۔ مثلاً اگر کوئی ترقی پسند حکومت قائم ہو جائے تو ٹیلی شو وغیرہ کا استعمال کیا جا سکتا ہے، جیسا کہ وینزویلا میں ہوا اور پریزیڈنٹ ہیوگو شاویز اس کا خوبصورتی سے استعمال بھی کرتے ہیں۔

[بشکریہ 'دی وائر'، 16 مارچ 2022]

ایڈورڈ سعید سے مکالمہ

ایڈورڈ سعید / حسن ایم۔ جعفر

ترجمہ: کبیر علی

ایڈورڈ سعید کا یہ انٹرویو معروف پاکستانی رسالے 'ہیرالڈ' میں 1992ء میں شائع ہوا تھا۔ اس میں سعید نے اپنی مشہور کتاب 'استشراق' اور اپنی زندگی پر تو بات کی ہی ہے لیکن ساتھ ہی ساتھ پاکستان، ضیاالحق، فیض احمد فیض، اقبال احمد کا بھی تذکرہ کیا ہے۔ اس انٹرویو کی تاریخی اہمیت کے پیش نظر اس کا اردو ترجمہ قارئین کی خدمت میں پیش کیا جا رہا ہے۔ یہ ترجمہ مکمل انٹرویو کے تقریباً ایک تہائی حصے پر مشتمل ہے، باقی کے دو تہائی حصے میں موجود مواد کی حیثیت اب بہت کچھ تاریخی رہ گئی ہے۔

'ہارپر' نامی نیویارک کے ایک رسالے، مطبوعہ 1984 میں فیض احمد فیض کے بارے میں ایڈورڈ سعید لکھتے ہیں:

"کسی شاعر کو جلاوطن دیکھنا۔ جلاوطنی پہ مبنی شاعری پڑھنے کے برعکس۔ جلاوطنی کے تضادات کو ایک خاص شدت کے ساتھ تجسیم پاتے اور برداشت ہوتے ہوئے دیکھنا ہے۔ کئی برس قبل، میں نے عصر رواں کے عظیم ترین اردو شاعر فیض احمد فیض[1] کے ساتھ کچھ وقت گزارا۔ انھیں اپنے آبائی وطن پاکستان سے ضیا کی فوجی حکومت کے زمانے میں جلاوطن کیا گیا تھا، اور انھیں خانہ جنگی کے شکار بیروت میں ایک طرح سے خوش آمدید کہا گیا۔ فطری طور پہ ان کے قریب ترین دوست فلسطینی تھے، لیکن میں نے محسوس کیا کہ اگرچہ ان کے درمیان ایک روحانی قربت ہے، مگر کچھ بھی یکساں نہیں ہے؛ زبان، شعری روایت، یا داستان حیات۔ صرف ایک بار، جب اقبال احمد، ایک پاکستانی دوست اور جلاوطن ساتھی، بیروت آئے تو فیض اپنے مستقل احساس مغائرت پہ قابو پاتے ہوئے نظر

آئے۔ ایک رات ہم تینوں بیروت کے ایک تاریک ریستوراں میں بیٹھے اور فیض نے ہمیں اپنی نظمیں سنائیں۔ کچھ وقت کے بعد، انھوں نے اور اقبال نے میرے لیے اشعار کا ترجمہ کرنا روک دیا، لیکن گزرتی شب میں اس سے کچھ فرق نہ پڑا۔ کیونکہ جو چیز میں دیکھ رہا تھا اس کے لیے ترجمے کی ضرورت نہ تھی: یہ وطن واپسی کی ایک تمثیل تھی جس کا اظہار مزاحمت اور خسارے کے ذریعے کیا گیا تھا، گویا یہ کہا جا رہا ہو کہ "ضیا! ہم یہاں ہیں۔" ظاہر ہے کہ اصلاً تو ضیا ہی تھا جو آرام سے تھا، اور وہ ان کی پُرجوش آوازیں نہیں سن رہا تھا۔"[2]

لہٰذا ہم نے سوچا کہ اس سے قبل کہ ہم ایڈورڈ سعید سے ایڈورڈ ہونے کی اہمیت کے بارے میں پوچھیں، ہمیں ان سے فیض کی اہمیت کے بارے میں ان کے خیالات سے انٹرویو کا آغاز کرنا چاہیے۔

ہیرالڈ: آپ نے لکھا ہے کہ "بلاشبہ ضیا ہی تھا جو آرام سے تھا۔" لیکن اگر وہ آرام سے تھا، اور ہم جانتے ہیں کہ وہ تھا، تو اس میں فیض کے لیے اہم بات کیا تھی؟ اور اگر پاکستان جیسے ملکوں میں ہمیں فیض کی طرز کے مابعد نوآبادیاتی دانشور ملتے ہیں تو آخر کار ہم کیا پاتے اور کیا گنواتے ہیں؟ ہمیں بتایئے کہ دنیا کو ایک اور فیض کی ضرورت کیوں ہے۔ کیوں ہمیں دنیا کے ضیاؤں کی آنکھوں میں آنکھیں ڈالتے رہنا ہوگا اور یہ نعرہ لگاتے رہنا ہو گا، "ہم یہاں ہیں۔"

ایڈورڈ سعید: سب سے پہلے تو میں کچھ باتیں کہتا ہوں۔ یہ مضمون 1984ء میں شائع ہوا تھا لیکن فیض سے میری ملاقات 1979 یا 1980 میں ہوئی تھی۔ پھر یہ ہے کہ، اگرچہ مجھے اس وقت یہ معلوم نہ تھا، میں فیض کا پاکستان واپس جانا سمجھتا ہوں بلکہ، وہ فوت بھی پاکستان میں ہی ہوئے۔

اب مجھے ٹھیک تو معلوم نہیں کہ انھوں نے 1979 (یا اس کے آس پاس) پاکستان کیوں چھوڑا، لیکن میرا گمان ہے کہ انھوں نے ایسا اس لیے کیا کیونکہ ان کی آزادی کو خطرہ تھا۔ ممکن ہے انھیں جیل میں ڈال دیا جاتا یا کچھ دیگر طریقوں سے خاموش کروا دیا جاتا۔ مجھے یاد پڑتا ہے کہ وہ لوٹس کے مدیر تھے، جو ایفرو-ایشیائی لکھاریوں کا رسالہ تھا اور جہاں تک مجھے معلوم ہے، وہ فلسطینیوں کی ذمہ داری تھی۔ وہاں ایک آدمی تھا جس کا نام معین بسیسو تھا، ایک فلسطینی شاعر جو اب وفات پا چکا ہے، جو رسالے میں کام کرتا تھا اور فیض کے طنز کو سمجھتا تھا وغیرہ وغیرہ۔ چونکہ یہ زمانہ بیروت کی تاریخ میں بالخصوص لاقانونیت کا زمانہ تھا، لہٰذا میرا خیال ہے کہ اس (بسیسو) نے فلسطینیوں کی پناہ حاصل کی تاکہ فیض کی حفاظت اور آرام کو یقینی بنایا جا سکے۔

جو میں نے اس مضمون میں کہا، اور جو نکتہ میں اب آپ کے سامنے پیش کرنے کی کوشش کر رہا ہوں وہ یہ ہے کہ اس سب کے باوجود جلاوطنی اتنی بُری شے نہیں ہے۔ میرا خیال ہے کہ اپنا کام جاری رکھنے کے لیے ایک لکھاری یا مفکر کو بعض اوقات اپنا گھر چھوڑنا لازمی ہو جاتا ہے اور کوئی دوسری جگہ تلاش کرنا پڑتی ہے۔ اس ملاقات کے وقت، میں نہیں جانتا تھا کہ فیض لوٹ جائیں گے، اور میں اُن کی صورتحال کا اپنی صورتحال سے موازنہ کرنے کی

کوشش کر رہا تھا۔ میں نے 1947 میں فلسطین چھوڑا اور دوبارہ کبھی فلسطین کے اس حصے میں نہ گیا جہاں سے میں ہوں، اور جو بعد ازاں اسرائیل بن گیا۔ میں 1966 میں ویسٹ بینک پہ تھا، یعنی اسرائیلی قبضے سے ایک سال قبل، لیکن وہاں بھی اس کے بعد نہیں جا سکا۔

ہیرالڈ: لیکن اس جوشیلے اور سرکش طنز کے بارے میں آپ کیا کہیں گے جس میں ضیا کو مخاطب کر کے کہا گیا ہے، "ہم یہاں ہیں" ایک وسیع تر صورتحال میں، یعنی اس محدود تر مفہوم سے ہٹ کر جو یہ نعرہ پاکستان میں پیدا کرے گا۔ ایک عمومی صورتحال میں اس بیان کا کیا مطلب ہے؟

سعید: دیکھیں، ایک عمومی صورتحال کے طور پہ، ایک طرف ہندو پاک اور دوسری طرف عرب لوگ ایک ہی طرح کا پس منظر رکھتے ہیں یعنی نوآبادیاتی جبر اور اس کے بعد آزادی و خود مختاری۔ اور کم از کم ہمارے معاملے میں، یعنی عربوں کی بات کر رہا ہوں، ہوا یہ ہے کہ اگرچہ بیس سے زائد آزاد عرب ریاستیں ہیں لیکن خود عرب دنیا، اپنے حکمرانوں، ادوار، سلطانوں اور صدور کے ساتھ، ایک بربادی ہے۔

آپ کو ایسے حکمران نظر آئیں گے، بلکہ چند ایک کے استثنا کے ساتھ سارے ہی ایسے ہیں کہ، جو انتہائی حد تک غیر مقبول ہیں۔ آپ کو مسلمانوں کی مذہبی سیاسی حسیت ایک حیات نو پاتی نظر آئے گی۔ آپ کے ذہین افراد کا بیرونِ ملک مقیم ہو جانا بہت اہم ہے؛ بہت لوگ ملک چھوڑ چھوڑ کر جا رہے ہیں۔ اور سب سے بڑھ کر، میرے مطابق، آپ کے ہاں ایک ثقافتی طبقہ ہے، ہاں ایسا ہی کہنا چاہیے، جو یا تو خاموش ہے، یا چھپا ہوا ہے یا وہ بیرون ملک چلا گیا ہے۔

لہٰذا، ایسی صورتحال میں؛ یعنی جب مایوس کن صورتحال ہو، یہ بڑا اہم ہوتا ہے کہ ہم علامت کی حیثیت اختیار کر جانے والی کسی شخصیت مثلاً ایک شاعر، لکھاری یا مفکر کی جانب رجوع کریں، کسی فیض احمد فیض کی جانب رُخ کریں، جس پر قبضہ نہیں ہو سکا، جسے بدعنوانی کا شکار نہیں کیا جا سکا، جسے خاموش نہیں کروایا جا سکا اور ہم یہ کہیں کہ یہ آدمی ہمارے لیے جو بھی کر رہا ہے، کافی ہے۔ بے شک، حقیقت میں وہ کافی نہیں ہے۔ لیکن ہم ان صورت احوال کے متعلق بات کر رہے ہیں جب سیاسی تبدیلی کو پیچھے دھکیل دیا گیا ہو۔ کوئی سیاسی تبدیلی نہ آ رہی ہو۔

ہیرالڈ: آپ خود بھی ایسے لکھاری ہیں جسے اس کے ملک سے جلاوطن کر دیا گیا ہے۔ ہمیں بتائیے کہ آپ کی صورتحال فیض سے کس طرح مختلف ہے یا مثلاً، نگوگی واتھیونگ سے، اس کینیائی مصنف سے، جس کا آپ ذکر کرتے رہتے ہیں؟ کیا امریکہ میں ہونا صورتحال کو نمایاں طور پہ بدل دیتا ہے؟ میں یہ سوال آپ سے اس لیے پوچھ رہا ہوں کیونکہ آپ نے اپنی کتاب "دنیا، متن اور نقاد" کے ایک مضمون میں ایرک آئیورباخ، اس یہودی، مغربی تربیت و تعلیم یافتہ دانشور کے بارے میں بات کی ہے جس نے 'میمیسز' لکھی تھی۔

آپ نے لکھا ہے کہ اسے نازیوں نے جلاوطن کر دیا تھا اور اس نے اپنی کتاب استنبول میں لکھی، اتنے اہم مغربی کام کے لکھے جانے کے لیے اتنی عجیب جگہ، کیونکہ یہ شہر اس وقت بھی اس چیز کی نمائندگی کرتا تھا جسے

یورپ "عثمانی خطرہ" کا نام دیتا تھا۔ پھر آپ آئیور باخ کی صورتحال کا زیادہ تفصیل سے جائزہ لیتے ہیں۔ لیکن کم وبیش ایسا لگتا ہے کہ دراصل آپ اپنے بارے میں گفتگو کر رہے ہیں۔ آخرش، آپ خود بھی عفریت کے پیٹ میں ہیں، ایک ایسا فلسطینی جو امریکہ میں مصروف عمل ہے۔ ایسا ہی ہے؟

سعید: خوب۔ ظاہر ہے کہ بہت سے مشترکات ہیں، لیکن میں یہ نہیں کہوں گا کہ میری زندگی بہت مشکل ہے۔ خوش قسمتی بھرے حالات کے سلسلے کے باعث، میں ایک ایسے شعبے میں ہوں جو مجھے اجازت دیتا ہے کہ میں ادب پڑھاؤں، ایک پروفیسر کے مقام پہ فائز رہوں، بڑی آسائش اور سہولت کے ساتھ۔ میرے کہنے کا مطلب ہے کہ یہ بڑی شاندار ملازمت ہے۔ یہ دنیا کی بہترین ملازمت ہے۔ لہٰذا ان معنوں میں، میں واقعی کوئی شکایت نہیں کر سکتا۔ لیکن مَیں یہ ضرور کہوں گا کہ اس بات میں کوئی دو رائے نہیں کہ میں ایک اجنبی ماحول میں رہتا ہوں۔ اور سو باتوں کی ایک بات، یہ بہت کٹھن ہے کیونکہ ثقافت اور گردوپیش کے ساتھ میرا تعلق مخاصمانہ ہے۔ لوگ ہمیشہ اس انتظار میں رہتے ہیں کہ میں کچھ کہوں تا کہ جواب میں وہ تند و تیز جملے کہہ سکیں۔

میری کہی ہوئی کوئی بھی بات آسانی سے قبول نہیں کی جاتی، اس پر پس وپیش ضرور ہوتی ہے۔ اس بات کا ذکر کرنے کی تو شاید ضرورت بھی نہیں کہ میں دنیا کے اس خطے سے آیا ہوں کہ جس کے بارے میں یہاں کے اکثر لوگ مکمل طور پر لاعلم ہیں: عرب دنیا، اسلامی دنیا۔ اس کے بارے میں کچھ بھی معلوم نہیں۔ اور جو کچھ معلوم ہے جیسا کہ میں نے اپنی کتاب 'استشراق' میں دکھانے کی کوشش کی ہے، وہ نہایت تخفیف زدہ ہے اور احمقانہ کلیشوں کا ایک سلسلہ ہے: متشددانہ فلاں، ظالمانہ ڈھمکاں۔ اور پھر، اگر آپ پوچھ لیں، کہ کیا آپ کسی رائٹر کا نام بتا سکتے ہیں، کسی عرب رائٹر کا، تو یہ لوگ کسی کا نام نہیں جانتے۔ ان کے پاس کچھ نہیں ہے۔ وہ ٹکر ٹکر دیکھنے لگتے ہیں۔ الغرض یہ بڑی گھمبیر صورتحال ہے۔

هیرالڈ: آپ نے ایک موقعے پر بیان دیا تھا، نجیب محفوظ کو نوبیل انعام ملنے سے قبل جب ایک امریکی پبلشر نے آپ کو فون کیا اور آپ سے مصنفین کی ایک فہرست مانگی تھی۔ کیا آپ ہمارے قارئین کے لیے وہ واقعہ بیان کر سکتے ہیں؟

سعید: میں ضرور بتاؤں گا۔ غالباً یہ 1980 یا 1981 کی بات ہوگی کہ ایک پبلشر نے مجھے فون کیا اور مجھ سے تیسری دنیا کے مصنفین کی ایک فہرست مانگی، کیونکہ وہ کوئی قسط وار سلسلہ شروع کرنا چاہتا تھا، اور میں نے محفوظ کا نام سرِ فہرست رکھا۔ کچھ مہینوں بعد یہ پبلشر مجھے کہیں ملا تو میں نے پوچھا کہ آپ نے کن کن ناموں کا انتخاب کیا؟ تو اس نے بتایا کہ اس کے منتخب کردہ مصنفین میں محفوظ شامل نہیں۔ میں نے پوچھا کیوں؟ کیونکہ بہرحال محفوظ عظیم ترین عربی مصنف، اور بین الاقوامی قد کا حامل شخص تھا۔ اس کا نام کیونکر قلم زد کیا جا سکتا تھا؟ اس نے جواب دیا: "دیکھیے، بات یہ ہے کہ عربی ایک متنازعہ زبان ہے۔" زبان متنازعہ ہے! مطلب ہم کیا بات کر رہے ہیں؟

میں آپ کو ایک اور مثال دوں گا۔ امریکی جامعات میں، ان کے شعبہ ہائے ادب میں، قرونِ وسطیٰ

کے مطالعات پہ بہت کام ہوا ہے: قرون وسطیٰ کی انگریزی، قرون وسطیٰ کی فرانسیسی وغیرہ وغیرہ۔ اور 'وسطیٰ' کا لفظ پورے زمانہ وسطیٰ پہ محیط تصور کیا جاتا ہے۔ لیکن مجھے ایک بھی ایسی مثال معلوم نہیں کہ ان کورسز اور پروگرامز میں کبھی اندلسی، مسلم تہذیب کو شامل کیا گیا ہو، جو کہ مثلاً دانتے، چوسر، اکوائنس وغیرہم کی عین ہم عصر تھی۔ اور یہاں تک کہ چاہے یہ سائنس ہو، ادب ہو، الٰہیات ہو یا طب اسے کاملاً نظر انداز کیا گیا۔ پس اگر آپ اس کلچر میں رہتے ہیں اور آپ دنیا کے اس حصے (یعنی عرب یا مسلم دنیا) سے آتے ہیں تو آپ کو اس کی قیمت ادا کرنا ہوگی: وقتی ناکامی، غالباً یہی کہنا چاہیے۔

هیرالڈ: اچھا اب، دوسری طرف، آپ کی اپنی تحریریں مغرب میں ہر جگہ پہنچی ہوئی ہیں اور تیسری دنیا میں بھی اتنی ہی مقبول ہیں۔ استشراق لکھ کر آپ نے پوری ایک نسل پر گہرا متحرک اثر ڈالا ہے۔ اس کا سترہ یا اٹھارہ زبانوں میں ترجمہ ہو چکا ہے اور ہم میں سے بہت سوں کے لیے، یہ ایک منشور کی طرح ہے، ایک ذہنی صورتحال کی طرح ہے۔ ہمیں بتائیے کہ کیا آپ کو وقت ملا کہ 1978ء میں اس کتاب کی اشاعت کے بعد اتنے برسوں میں، آپ بیٹھے ہوں اور اس کتاب کے باعث طرز احساس میں پیدا ہونے والی تبدیلیوں کا جائزہ لیا ہو۔

سعید: اچھا۔ میرا خیال ہے کہ اس نے طرز احساس کو بدلا ہے۔ مغرب میں، مثال کے طور پہ کئی شعبوں میں جیسے بشریات، تاریخ، ثقافتی مطالعات، تانیثی مطالعات میں اس نے لوگوں کو ثقافتوں اور لوگوں کے مابین طاقتی تعلقات کے مسائل پر غور کرنے پر ابھارا ہے، جہاں تسلط سے مراد ایسی طاقت کا حامل ہونا ہے جو ترجمانی کرتی ہے اور تخلیق کرتی ہے، کنٹرول کرتی ہے اور استحصال کرتی ہے۔ دوسرے لفظوں میں اس نے صنعت علم اور طاقت کے باہمی تعلق کا مقدمہ اٹھایا گیا ہے۔ اور خاص طور پہ، چونکہ یہ ایک تاریخی جائزہ تھا، اس میں واقعی استعمار کے پورے دور پہ نظر ڈالنے کی کوشش کی گئی ہے۔

اچھا، اب ایک امر جس سے مجھے کچھ پریشانی بھی ہوئی، یہ تھا کہ مسلم دنیا میں اس کتاب کا اثر یہ ہوا کہ بعض لوگوں نے اسے اسلام کے دفاع میں لکھی گئی ایک کتاب سمجھا، جو کہ یہ ہرگز نہ تھی۔ اسلام پہ بات کرنے کو میرے پاس کچھ بھی نہیں تھا: میں اسلام فی نفسہ کے بجائے، اسلام کی ترجمانی[3] کے بارے میں بات کرتا ہوں۔ میری بلا سے کوئی شخص 'اسلامی دنیا میں مغرب کی ترجمانی' کے موضوع پر کتاب لکھے، اور کم و بیش ایسی ہی مسخ زدگیوں کو سامنے لے آئے۔ لیکن جس شے میں مجھے واقعی دلچسپی ہے، اپنا نکتہ پیش کرنے کے لیے وہ محض مسخیت نہیں ہے کیونکہ مسخیت تو ہمیشہ ہوتی ہے، وہ یہ ہے کہ اس بات کی تفہیم میں کچھ مدد فراہم کرے کہ یہ مسخیت کس طرح واقع ہوتی ہے اور اس کی اصلاح کے لیے کیا کرنا چاہیے۔ یہ تو ہوئی ایک بات۔

دوسری بات یہ ہے کہ 1978 میں استشراق کی اشاعت کے بعد سے، خود میں نے اور ینٹلزم کے مسئلے پر ایک وسیع تر تناظر میں سوچنا شروع کیا ہے۔ 85-1984 میں، میں نے ایک کتاب پہ کام شروع کیا، جو اب تقریباً لکھی جا چکی ہے اور اس سال کے آخر تک آ جائے گی، یہ کتاب ایک طرح سے استشراق ہی کی دوسری

قسط ہے[4]، لیکن اس میں مسئلے کو ایک عالمی تناظر میں دیکھا گیا ہے۔

دوسرے لفظوں میں، میں نے یہ کوشش کی کہ افریقہ پہ نظر ڈالوں، مشرقِ وسطیٰ پہ نظر ڈالوں، بھارت اور پاکستان کا جائزہ لوں اور یہ دیکھنے کی سعی کروں کہ مغرب کے ہاں استعمار کی تشکیل میں کلچر کا کیا کردار رہا ہے۔

کتاب کے وسط میں، میں نے یہ دیکھا ہے کہ انخلائے استعمار اور سامراج کے خلاف مزاحمت کے عمل میں کلچر نے کیا کردار ادا کیا ہے، بہ الفاظ دیگر، ہندوستان، پاکستان، افریقہ، جزائر غرب الہند وغیرہ میں استعمار کے خلاف مزاحمت میں کلچر کا کیا کردار رہا ہے۔

اور پھر آخری باب میں، میں نے جنگ عظیم دوم میں پرانی سامراجی سلطنتوں کے ڈھے جانے کے بعد سامنے آنے والے امریکی کردار کا جائزہ لیا ہے اور یہ دیکھا ہے کہ باقی ماندہ واحد استعماری طاقت کے طور پہ امریکہ کا غیر معمولی کردار کیا رہا ہے اور اس کردار کا علم اور علم کی صنعت پہ کیا اثر پڑا ہے۔ اور یہ سب کچھ استشراق پر کام کرتے ہوئے سامنے آیا ہے۔ میں نے اسے پھیلانے اور آگے بڑھانے کی کوشش کی ہے، یعنی نہ صرف استعمار کے جارحانہ پہلوؤں پہ نظر دوڑائی ہے بلکہ استعمار کے خلاف اس مزاحمت کا بھی جائزہ لیا ہے جو میرے اور آپ جیسے لوگ کرتے رہے ہیں۔ آخر کار، استعماری سلطنتیں قائم نہ رہ سکیں۔ ہندوستان نے 1947 میں آزادی حاصل کر لی۔ لہٰذا کچھ تو ہوا تھا، اور میں نے اپنی کتاب میں اسی کا جائزہ لینے کی کوشش کی ہے۔

ہیرالڈ: دوبارہ آپ کی کتاب 'استشراق' کی جانب لوٹتے ہیں۔ ہمیں بتائیے کہ کیا آپ کی زندگی میں کوئی ایسا سلسلہ واقعات تھا جو 'استشراق' کی تصنیف پر منتج ہوا؟

سعید: جی ہاں۔ بہت سے عناصر تھے۔ ایک تو اس دور کی بات ہے جب میں بڑا ہو رہا تھا اور ہم لوگ فلسطین چھوڑ کر مصر میں قیام پذیر تھے۔ اگر چہ میں کھاتے پیتے خاندان سے تھا اور میں فلسطین اور مصر میں نو آبادیاتی اسکولوں میں پڑھا، میں نے جانا کہ یہ میں 49-1948 کے نو آبادیاتی مصر کی بات کر رہا ہوں۔ میرا خاندان، تعلیم یا زبان جو بھی ہو، ایک حکمران گورے کے لیے میں ہمیشہ ایک کالا ہی رہوں گا۔ میں وہ دن کبھی نہیں بھولوں گا جب مجھے اس چیز کا ادراک کروایا گیا۔

میں قاہرہ کے غزیرہ اسپورٹنگ کلب کے میدان میں گھر کو چلا جا رہا تھا۔ ایک بڑا نو آبادیاتی اسپورٹنگ کلب، میرا گھرانہ جس کا رکن تھا۔ ویسے تو یہ کلب انگریزوں کے لیے تھا لیکن وہاں کچھ مقامی لوگوں کو بھی آنے کی اجازت تھی۔ پس میں گھر کی سمت چلا جا رہا تھا (ہمارا گھر کلب کے قریب ہی تھا) اور میں نے دیکھا کہ ایک آدمی سائیکل پہ میری جانب چلا آتا ہے، وہ کلب کا سکتر تھا، ایک انگریز جس کا نام مسٹر پلی تھا۔ اس نے مجھے روکا اور کہا: "لڑکے! تُو یہاں کیا کر رہا ہے؟" اور میں نے جواب دیا، "میں گھر جا رہا ہوں۔" اور اس نے کہا: "کیا تجھے معلوم نہیں کہ تمھیں یہاں آنے کی اجازت نہیں۔ اور میں نے کہا "ہاں، مجھے یہاں آنے کی اجازت ہے کیونکہ میرا گھرانہ یہاں کا ایک رکن ہے۔" اور اس نے کہا "لڑکے! تمھیں یہاں آنے کی اجازت نہیں۔ تم ایک عرب لڑکے

ہو۔ نکلو باہر۔" اب ستم ظریفی ملاحظہ کریں (اور ہاں میں وہاں سے نکل گیا: میں ڈرا ہوا تھا) کہ مسٹر پلی کا بیٹا اسکول میں میرا ہم جماعت تھا۔ تو اس قسم کے تشکیلی تجربات ہیں جن سے آپ کو سمجھ میں آتا ہے کہ نوآبادیاتی تناظر میں اس سے قطع نظر کہ اور کیا کیا ہو رہا ہے، فیصلہ کن ہے۔ پس یہ ان میں سے ایک واقعہ ہے۔

پھر ایک اور واقعہ 1967 کا ہے، جب میں یہاں آچکا تھا۔ میں کولمبیا یونیورسٹی میں پروفیسر تھا۔ میں ذرہ بھر بھی سیاست میں شریک نہ تھا۔ میں یورپی ادب کا ایک طالب علم اور ایک پروفیسر تھا۔ لیکن جب جنگ شروع ہوئی اور مجھے احساس ہوا کہ عرب عوام اور عرب دنیا کے متعلق کس قدر ثقافتی نفرت اور مخالفت پائی جاتی ہے تو اس امر نے مجھے بھی سیاسی رنگ میں رنگ دیا۔ کہنے کا مطلب ہے کہ، ایک عرب ہونے کے ناطے، میں نے خود کو عرب نقصانات سے جڑا ہوا پایا اور میں اس نتیجے پہ پہنچا کہ بہت سا نقصان محض اس امر کی وجہ سے ہوا تھا کہ ہم لوگ کم تر سمجھے جاتے تھے۔ میں نے یہ جاننے کی سعی کا آغاز کیا کہ ہمارے بارے میں جو تاثر وہ رکھتے ہیں وہ کہاں سے آیا ہے۔

'استشراق' کے متعلق آخری نکتہ جو میں بیان کرنا چاہتا ہوں، اور وہ بھی بڑا اہم ہے، یہ ہے کہ میرا نہیں خیال کہ میں یہ کتاب لکھ پاتا اگر میں ایک جدوجہد سے سیاسی طور پہ جڑا ہوا نہ ہوتا۔ عرب اور فلسطینی قومیت پرستی کی جدوجہد اس کتاب کے سلسلے میں بہت اہم ہے۔ 'استشراق' اس لیے نہیں لکھی گئی تھی کہ کسی تاریخی تشکیل کا مجرد بیان کر دیا جائے بلکہ یہ ان متعین ٹھپوں اور اس تسلط سے آزادی کا ایک حصہ تھی جس کا سامنا میرے اپنے لوگوں یعنی عربوں، یا مسلمانوں یا فلسطینیوں کو ہے۔

حواشی:

[1] فیض احمد فیض کے بارے میں ایڈورڈ سعید کی رائے کو فیض صاحب کی سیاسی مزاحمت کی ستائش تک ہی محدود سمجھنا چاہیے۔ فیض صاحب کے ادبی مقام کا فیصلہ ہماری زبان کی شعریات ہی میں بامعنی ہوگا۔

[2] مصاحبہ کار نے جو اقتباس دیا ہے وہ رسالے سے دیا ہے اور اس میں پروف کی ایک دو ایسی غلطیاں تھیں کہ مجھے ' جلاوطنی کے بارے میں خیالات اور دوسرے مضامین' کے عنوان سے چھپنے والی سعید کی کتاب کی طرف رجوع کرنا پڑا جس میں یہ مضمون بعد ازاں شامل کیا گیا تھا۔ کتاب میں سعید صاحب نے دو تین جگہ کچھ معمولی تبدیلیاں کی ہیں اور اب اس اقتباس کے ترجمے کے لیے کتاب پر ہی بھروسہ کیا گیا ہے۔

[3] ترجمانی (Representation) کا یہ تصور ان تین چار بنیادی تصورات میں سے ہے جنھیں سعید نے ' استشراق' میں برتا ہے۔ اسی انٹرویو میں آئیورباخ اور اس کی کتاب *'Mimesis: The Representation of Reality in Western Literature'* کا ذکر آچکا ہے۔ ترجمانی کا یہ

تصور آئیو رباخ کی اسی کتاب میں پیش کیا گیا تھا جسے بعد ازاں ایڈ ورڈ سعید کے علاوہ کریٹیکل تھیوری کے کئی دوسرے بڑے مفکرین نے بھی استعمال کیا۔

[4] ایڈ ورڈ سعید یہاں کلچر اینڈ امپیریلزم' کی طرف اشارہ کر رہے ہیں جو 1993 میں شائع ہوئی۔

['Herald', Updated 10 Jun, 2019]

قبائلیوں میں مزاحمت کا استعارہ

آشوتوش بھاردواج
ترجمہ: عبدالسمیع

کسی قسم کے اقتدار کے تسلط کے متوازی، مزاحمت اور اختلاف کی بھی ایک دنیا ہوتی ہے۔ گزرتے وقت کے ساتھ اس کی شکل تو بدل گئی لیکن استعاراتی طور پر یہ اب بھی موجود ہے۔ خاندان، سماج، مذہب اور ریاست کی ان طاقتوں کے خلاف مزاحمت کی داستان کو ازسرنو تشکیل دینے اور سمجھنے کی ضرورت ہے۔

'رام ناتھ گوینکا ایوارڈ' جیسے باوقار ایوارڈ سے چار مرتبہ نوازے جانے والے مصنف اور صحافی آشوتوش بھاردواج کا یہ مضمون خاص طور پر آپ کے لیے ہے۔

کہانی اختلاف اور احتجاج کا استعارہ بھی ہے۔ بنی نوع انسان عموماً اپنی شناخت اور وجود کا اعلان اپنی کہانیوں کے ذریعے کرتا ہے، وہ اپنے شعور پر عائد کیے جانے والے اخلاقی ضوابط اور مادی قوانین کے خلاف احتجاج کرتا ہے۔ کچھ معاشروں میں اس ثقافت کا راوی کاغذ پر اپنی شناخت درج کرکے یہ عمل انتہائی شعوری اور دانستہ طور پر انجام دیتا ہے (مثلاً چیکوسلواکیہ میں سوویت مداخلت کی مخالفت میلان کنڈیرا کی اپنی کہانیوں کے ذریعے کی) کچھ معاشروں میں مزاحمت کا یہ عمل زبانی حکایتوں کی صورت میں ایک نسل سے دوسری نسل تک منتقل ہوتا ہے۔

وسطی ہندوستان کے جنگلوں میں بھٹکنے اور وہاں کے باشندوں سے ملاقات سے پہلے یہ تو معلوم تھا کہ یہ برادری ہندو دیوی دیوتاؤں کو لوہے کے چمٹے سے پکڑتی ہے، مہوا کی لکڑی کے شعلے پر بھون کر ان کا اچار بناتی ہے، اس طرح وہ سنسکرت کہانیوں پر حیرت انگیز نقب لگاتی ہے۔ ان دیوتاؤں کے مقدس چہرے اور سرشت کو الٹ کر رکھ

دیتی ہے لیکن یہ احساس یہیں آ کر رہا کہ شاید اس کے پیچھے اختلاف رائے کی آواز اور سنسکرت کی ثقافتی قوت کے مدمقابل تخلیقی مزاحمت کی خواہش بھی رہی ہوگی۔

تاہم، یہ بھی ممکن ہے کہ نہاد اکثریتی رجحان ان دیوی دیوتاؤں کی ایک واحد اور معیاری شکل پر اصرار کرتا ہو، لیکن ان کا کوئی معین اور مخصوص چہرہ ہی نہ ہو۔ کیونکہ ہندوستان کے مختلف حصوں میں بہت سی برادریاں اپنی کہانیوں کے مطابق ان دیوی دیوتاؤں کی شکل بدل لیتی ہیں۔ لیکن اس کے باوجود یہ کہا جا سکتا ہے کہ مروجہ ہندو اساطیر کو الٹ کر رکھ دینے اور ان کے کردار کو تقریباً اس کے برعکس بنا دینے کا رجحان ان برادریوں میں زیادہ ہے جو حکومت نواز یا محاورہ زبان (مثلاً ماضی میں سنسکرت، موجودہ، ہندی، تامل وغیرہ) اور تحریری روایت سے پرے، اپنی کہانیاں زبانی روایت کے ذریعے بیان کرتی ہیں، جن پر کسی طاقتور ریاست کے بازو اور پنجے ہمیشہ منڈلاتے رہتے ہیں اور جو عموماً جنگل یا نسبتاً ایسے دور افتادہ پسماندہ علاقے میں پائے جاتے ہیں جسے شہری معاشرہ خود سے کم تر درجے میں رکھتا ہے، اور جن کے پاس تخلیقی ردعمل کا اظہار ہی واحد راستہ ہوتا ہے۔

اس کی ایک انوکھی مثال چھتیس گڑھ کی رام نامی یا رام رامی برادری میں ملتی ہے۔ اس انتہائی پسماندہ دلت برادری کے لوگ مہاندی کے دونوں طرف رائے گڑھ، بلودہ بازار اور جانج گیر چمپا کے اضلاع میں رہتے ہیں۔ یہ برادری تقریباً سوا سو برس پہلے اس وقت وجود میں آئی جب اس نے رام کتھا میں بے مثال مہارت کے ذریعے اپنی منفرد شناخت بنائی تھی۔

اس برادری کی تشکیل کا پس منظر یہ ہے کہ چونکہ شہری معاشرہ انھیں مندر جانے اور رام کا نام لینے سے روکتا تھا (یہ صورتحال اب بھی کئی جگہوں پر برقرار ہے) کہ اپنی زبان سے رام کا نام لے کر یہ لوگ رام کو ناپاک کر دیں گے تو انھوں ضد میں آ کر اپنے پورے جسم پر، یہاں تک کہ زبان اور شرمگاہ پر بھی رام کے نام کے لاتعداد گودنے گدوانا (ٹیٹو بنوانا) شروع کر دیے۔ رام کے نام کو اپنے اعضائے پوشیدہ پر گدوا کر وہ مریادا پرشوتم کو ان مقامات اور ان لمحات میں لے گئے جن کے تصور محض ہی سے کئی رام بھکت کانپ اٹھیں گے۔ اسی طرح سے اس سماج نے رام چرت مانس کی جو تشریح کی ہے وہ بھی حیرت انگیز ہے۔

مانس کی ایک مشہور چوپائی (مربع) ہے۔

پوجیے پر سیل گن ہینا شودر نہ گن گن گیان پر بینا

یعنی برہمن علم خواہ کتنا ہی علم اور معرفت سے خالی کیوں نہ ہو، اس کی پوجا ہونی چاہیے، جب کہ شودر کا علم خوبی سے خالی ہوتا ہے۔

رام نامی سماج اس کی تعبیر معکوس کر دیتا ہے:

اگر کوئی برہمن علم اور معرفت سے خالی ہو تو اس کی پوجا دی (قتل کر دیا) جائے، شودر ہمیشہ علم اور ہنر میں مہارت رکھتے ہیں۔

دلچسپ بات یہ ہے کہ فعل 'پوج دینا' کی یہ تعبیر سرے سے ناقص نہیں ہے کیونکہ بول چال کی زبان میں 'پوج دینا'، 'پوج دیا' اس (قتل) معنی میں بھی مستعمل ہیں۔

ایسی ہی ایک دھن کل کی کہانی ہے۔ دھن کل جاگر یا تیجا جاگر (جاگر یعنی رات بھر جاگ کر ادا کی جانے والی رسم) بستر کا ایک لوک مہا کاویہ ہے (بستر کے بے مثل عالم ہری ہر وشنو نے بستر کے چار لوک مہا کاویہ کی نشاندہی کی ہے، یہ ان میں سے ایک ہے) جسے قبائلی خواتین ہلبی بولی میں گاتی ہیں، ان لوک گلوکاروں کو گروماے (استانی ماں) کہا جاتا ہے۔ اس جاگر میں، یعنی اس مہا کاویہ کی رسموں میں مرد صرف معاون گلوکار ہوتے ہیں۔

اس مہا کاویہ کی مختصر روداد یہ ہے کہ ایک بار مہادیو شیو بالی گورا نامی لڑکی پر فریفتہ ہو جاتے ہے، جوان کے بھانجے کی بیٹی یعنی رشتے میں پوتی ہے اور پاروتی کے رشتے میں بہن بھی۔ مہادیو کئی مرتبہ بالی سے اپنی محبت کا اظہار کرتے ہیں لیکن وہ ہر بار منع کر دیتی ہے۔ یہاں تک کہ جب بالی گورا تپسیا میں ہوتی ہے، شیو اس کی تپسیا بھنگ کرنے پہنچتے جاتے ہیں۔ بالی کا دھیان پھر بھی ان کی طرف نہیں جاتا ہے تو شیو تالاب میں کشتی کے غرقاب ہونے کا ڈرامہ کرتے ہیں، اور بالی ڈوبتے ہوئے آدمی کو بچانے کے لیے تالاب میں چھلانگ لگا دیتی ہے۔ شیو اسے پکڑ کر گہرے پانی میں لے جاتے ہیں، وہیں شادی کی پیش کش کرتے ہیں۔ اس بار بالی رضامندی کا اظہار کرتی ہے، دونوں پانی کے اندر شادی کر لیتے ہیں۔

پاروتی سے چھپانے کی غرض سے شیو بالی کو اپنی جٹا میں چھپا کر گھر لاتے ہیں۔ شیو کے جسم پر لگی ہلدی دیکھ کر پاروتی پوچھتی ہیں تو وہ جھوٹ بولتے ہیں کہ وہ کسی کی شادی میں گئے تھے، وہاں کسی نے ہلدی لگا دی تھی۔ لیکن جلد ہی پاروتی کو شیو کی نئی بیوی کے بارے میں پتہ چل جاتا ہے۔ وہ حسد سوکن میں سلگ اٹھتی ہیں اور نئی دلہن کو طرح طرح کی اذیتیں دیتی ہیں۔ بالی شکست خوردہ ہو کر خودکشی کر لیتی ہے۔ اپنی محبت کی جدائی میں، شیو بالی کی راکھ اپنے گلے میں لٹکا کر تپسیا کرنے بیٹھ جاتے ہیں۔ کئی برس بیت جاتے ہیں۔ اسی درمیاں بالی کسی دوسرے گھر میں پھر سے لڑکی کے روپ میں دوبارہ جنم لیتی ہے، اس بار اس کا نام ڈِلی گورا رکھا جاتا ہے۔

شیو کے غم کو برداشت کرنے سے قاصر پاروتی اس کی شادی ڈِلی سے کرنے کا فیصلہ کرتی ہیں۔ وہ اپنے شوہر کے ساتھ شادی کرانے کے لیے ڈِلی کا ہاتھ مانگنے ڈِلی کے والدین کے پاس جاتی ہیں، لیکن وہ یہ کہتے ہوئے انکار کر دیتے ہیں کہ بالی کو پچھلی بار اس گھر میں شدید اذیت سے گزرنا پڑا تھا۔

جب پاروتی وعدہ کرتی ہیں کہ اس بار ایسا نہیں ہوگا، ڈِلی کی شادی مہادیو سے ہو جاتی ہے۔ پاروتی دونوں کو پر مسرت زندگی کی دعا دے کر اور ڈِلی کو کیلاش پربت کا گھر سونپ کر چلی جاتی ہیں۔

یہ ایک شاندار کہانی ہے۔ شیو کی شبیہ ایک سخت زوجہ پرست دیوتا کی ہے۔ ہندو دیوتاؤں کے پوری جماعت میں شاید رام اور شیو ہی ہیں جو اپنی بیوی کے علاوہ کسی دوسری عورت کی طرف ملتفت ہوتے نظر نہیں آتے

۔ حالانکہ بعض مواقع پر موہنی کے روپ میں وشنو نے شیو کو اپنی طرف منعطف کرلیا تھا، لیکن یہ ایک استثنائی صورت ہے۔ شیو کی مقبول شبیہ اندر جیسے دیگر دیوتاؤں جیسی نہیں ہے۔ اگرچہ رام دوسری عورت کے لیے کبھی بے چین نہیں ہوتے، لیکن نازک لمحات میں سیتا کے ساتھ رام کا برتاؤ ہمیشہ قابل اعتراض رہا ہے۔ گو کہ انھیں ایک مثالی راجا سمجھا جاتا ہے، لیکن عام خیال میں وہ ایک مثالی شوہر نہیں ہیں۔ لڑکیاں بھی رام نہیں بلکہ شیو جیسا شوہر حاصل کرنے کے لیے برت، پوجا وغیرہ کرتی ہیں۔

شیو کی یہ شبیہ، کہ وہ شیو ہونے کے تقدس کو مکمل طور پر پامال کر کے اپنی پوتی کے لیے مجنوں ہوئے جارہے ہیں اور آخر کار پاروتی ہی انھیں چھوڑ کر چلی جاتی ہیں، کیا یہ بستر کی قبائلی برادری اور ان کی مادر وطن جنگل کا شہری ثقافت کے لیے ایک تخلیقی جواب ہے؟

یہاں یہ بتانا بھی ضروری ہے کہ بستر کے قبائلی اپنے مقامی دیوتاؤں کے ساتھ بھی خوب مذاق کرتے ہیں۔ چونکہ ان کا تصور اخلاق بھی شہری ثقافت سے مختلف ہے، اس لیے شیو کو اس شکل میں پیش کرنا ان کے لیے فطری عمل رہا ہوگا۔ لیکن اہم بات یہ ہے کہ شہری ثقافت عموماً شیو کو پاروتی کا پرستار شوہر اور موت کے عظیم دیوتا کے طور پر قبول کرتی ہے۔ بستر نے ان کی اس شکل کو قبول نہیں کیا، کیا یہ شہری افسانہ اور اس کی قدروں کا انکار ہے؟

ایک تازہ مثال مہیشا سر کا تہوار ہے جو بنگال اور جھارکھنڈ کے کئی قبائلی علاقوں میں پچھلے کچھ سالوں سے منایا جارہا ہے۔ اسُر نامی ایک قبائلی برادری، جسے حکومت ہند نے 'مخصوص کمزور قبائلی گروہ' (Particularly Vulnerable Tribal Group) قرار دیا ہے، خود کو مہیشا سُر کی اولاد مانتی ہے اور درگا کو جس نے مہیشا سُر کا قتل کیا تھا، نفرت کی نگاہ سے دیکھتی ہے۔ درگا پوجا کا عظیم تہوار مہیشا سُر کی موت پر جشن منانے سے متعلق ہے، لیکن اسُر برادری اس کی موت پر سوگ مناتی ہے۔

ممکن ہے کہ مہیشا سُر کا یہ بیانیہ صدیوں سے رائج ہو لیکن پچھلے کچھ برسوں میں اس پر بحث مزید گہری ہوئی ہے، یہاں تک کہ اسُر برادری کے ساتھ درج فہرست ذاتوں اور دیگر قبائل نے بھی مہیشا سُر کا یوم شہادت یہ کہتے ہوئے منایا ہے کہ وہ اس اکثریتی ہندو ثقافت کی مخالفت کرتے ہیں جو مظلوم برادریوں کے استحصال پر مرتکز ہے۔ یہاں ان کے استدلال کی توثیق مقصود نہیں ہے، مقصد ان کی منطق یعنی مزاحمت کی وجہ کو تلاش کرنا ہے، ساتھ ہی اس بات کی نشاندہی بھی کہ شاکت برادری کی ایک بہت ہی اہم کتاب 'دُرگا سپتشتی' میں درج مہیشا سُر کہانی کی تعبیر کو الٹ دینا، دُرگا سے وابستہ اقدار اور اسطور کا تخلیقی انکار ہے۔

(2)

اس مزاحمت کی وجوہات پر گفتگو سے پہلے ضروری ہے کہ ان برادریوں کے مادر وطن یعنی جنگل اور شہر کے درمیانی تعلق کو تلاش کیا جائے۔ یہ رشتہ جنگل کی کہانی پر اپنا گہرا عکس ڈالتا ہے۔

سنسکرت ادب میں جنگل کی دوہری تصویر ابھرتی ہے۔ یہ رشیوں منیوں کا مسکن ہے، ایک مقدس سرزمین جہاں انسان تنہائی میں علم اور خود شناسی کے حصول کے لیے جاتا ہے۔ نوجوان شہزادے حصول اور کسب فیض کے لیے رشیوں کے آشرموں میں جاتے ہیں۔ بن باس اور جلاوطنی پر بھیجے گئے بادشاہوں کو یہی جنگل پناہ بھی فراہم کرتا ہے، رامائن اور مہابھارت جلاوطنی کے اسی استعارے کے اردگرد بنے گئے ہیں۔ (آشیس نندی: An Ambiguous Journey to the City) ون پرستھ آشرم کا آغاز یہیں سے ہوتا ہے۔ جنگل بہت سی انسانی برادریوں اور شہری تہذیب سے باہر رہنے والے غیر انسانی مخلوقات کا گھر بھی ہے، یہ سبھی بادشاہوں اور شہزادوں کی مدد کرتے ہیں۔ یکش اور گندھار جیسی کئی افسانوی مخلوقات بھی جنگل میں گھومتی ہیں، ساتھ ہی یہ راکشس اور پشاچ جیسی مخلوقات کا مسکن بھی ہے۔ مختلف اسباب کی بنا پر بادشاہت جنگل اور اس کے متعدد باشندوں کی حفاظت کرنا چاہتی ہے، لیکن بادشاہ کا فرض یہ بھی ہے کہ وہ راکشسوں اور بدروحوں کو تباہ کرے، اس لیے بادشاہ اکثر جنگل پر حملہ کرتا ہے، جس کے نتیجے میں جنگل کے بہت سے معصوم باشندوں اور پیڑ پودے برباد ہوجاتے ہیں۔ مہابھارت میں، پانڈو نے ایک نیا شہر، اِندر پرستھ قائم کرنے کے لیے کھنڈوا پرستھ نامی جنگل اور اس میں رہنے والی تمام مخلوقات کو خاکستر کردیا۔

جنگل کی یہ دوہری فطرت، جو تقریباً دو متضاد خصوصیات سے تشکیل پانے والی کشاکش سے پر جنگل کی فطرت، شہر کے ثقافتی اور ادبی تصور میں جنگل کو ایک منفرد شخصیت عطا کرتی ہے۔ یہ عظیم ترین رشیوں کی سرزمین ہے جو مذہب کی تعبیر کرتے ہیں لیکن ایسی برادریاں بھی یہاں رہتی ہیں جو مذہب یا ویدک قوانین کی پیروی نہیں کرتیں۔ (رومیلا تھاپر: Perceiving the Forest) اس نقطۂ نظر سے شہر یا اقتدار کی نظر میں جنگل ایک ایسا جغرافیائی خطہ ہے جس کی خود مختاری برقرار رکھنا ضروری ہے، لیکن کئی مواقع پر اس کے خلاف جنگ بھی لڑنی پڑتی ہے، جسے شیطانی قوتوں سے بچانا بھی ہے، اور ان شیطانی قوتوں کو ختم کرنے کی کوشش میں اگر جنگل بھی تباہ ہوجائے تو اس کی پروا نہیں کرنی ہے۔

یعنی ایک طرف جنگل کے لیے شہر حملہ آور ہے تو دوسری طرف شہر کے لیے جنگل نظم وضبط برقرار رکھنے کا خطہ بھی ہے۔ اس حکومت کی بنیاد محض اسلحہ اور حملے پر مرتکز نہیں تھی، نہ ہے بلکہ اس کا مقصد ثقافتی غلبہ تھا اور ہے۔

گو کہ جنگل کی کہانیاں شہر تک کم پہنچتی تھیں کیونکہ جنگل کے پاس اپنی کہانیوں کو پھیلانے کے ذرائع، وسائل اور شاید خواہش اور ضرورت بھی نہیں تھی، لیکن شہر کی توسیع پسندانہ خواہش کے نتیجے میں شہری ادب، اس کے افسانے اور مہابیانیے اور ان کے ذریعے شہری اقتدار کے اخلاقی اور مذہبی ضابطے بھی جنگل تک پہنچ گئے، یعنی جنگل اور شہر کے درمیان لڑائی نہ صرف میدان جنگ میں ہوئی بلکہ فکشن کی انتہائی زرخیز زمین پر بھی ہوئی۔

بلاشبہ جنگل کے باشندوں کے پاس اتنے ہتھیار اور مادی وسائل نہیں تھے کہ وہ شہری حکومت کو شکست دے سکیں، شہری حکومت کو دیوتا وغیرہ کی حمایت بھی حاصل تھی، لیکن جنگل کے پاس 'کہانی' کی شکل میں اس سے

بھی بڑا ہتھیار تھا۔ جنگل میدان جنگ میں شہر کو شکست نہیں دے سکتا تھا لیکن فکشن کی سرزمین ابھی باقی تھی۔

شاید یہی وجہ ہے کہ جب شہری ثقافت کے افسانے جنگل تک پہنچتے تھے تو جنگل کے قصہ گو ان کہانیوں کو اُلٹ کر رکھ دیتے تھے، ایسا لگتا ہے جیسے شہر، اس کی کہانیوں اور اس کی ہوس کے خلاف احتجاج کا یہ طریقہ تھا، تاکہ اپنی منفرد شناخت برقرار رکھی جاسکے۔

میرے پاس اس سلسلے کی کوئی تاریخی دستاویز یا ثبوت نہیں ہے کہ سنسکرت اور شہری کہانیوں میں جنگل کے باسیوں کی اس طرح کی مداخلت، شعوری کوشش تھی، کیونکہ جنگل کے کہانی کار کی لکھی ہوئی تحریر یا تبصرہ یا جنگل نامہ جیسی کوئی چیز نہیں ملتی لیکن مہیشاسُر تنازعہ پر جس طرح اسُر برادری نے اپنی شناخت کا سوال اٹھایا اور دیگر مظلوم برادریاں ان کے ساتھ کھڑی ہوئیں، اس سے یہ نتیجہ اخذ کرنا ممکن سا لگتا ہے کہ شیو اور دُرگا جیسی عظیم ہندو علامتوں سے صفاتِ الوہی چھین کر انھیں معکوس بنادینے کا عمل ایک عظیم تخلیقی کارنامہ ہے۔

اس تمہید کے پس منظر میں یہ خیال بھی ہے کہ کہانی کوئی مردہ امکان نہیں ہے، یہ ایک زندہ وجود ہے، جو کہانی سنانے والے کی برادری اور سروکار کو آنے والی نسلوں تک پہنچاتی ہے۔

(3)

اس نقطۂ نظر سے جب ہم حال کا جائزہ لیتے ہیں تو ہمیں معلوم ہوتا ہے کہ شہر اور اقتدار کی ہوس گزشتہ دہائیوں میں زیادہ ظالم اور مطلق العنان ہوچکی ہے، ڈیڑھ سو سال پہلے تک جنگل سے شہر کا کثیر المعانی رشتہ تھا۔ جنگل شہر کی ضد مطلق نہیں تھا، یہ اس کے لیے پناہ گاہ بھی تھا اور جنگل بھی۔ لیکن جب سے حکومت اور کاروبار کو جنگل میں خوابیدہ لوہے اور کوئلے جیسی دیگر معدنیات کا علم ہوا، جنگل اور اس کے باشندوں کے تعلق سے ان کا رویہ ہی بدل گیا۔ اب جنگل معدنیات اور دھاتوں سے پُر ایسی اکائی ہے جسے جلد از جلد زمین سے نکال لینا ہے اور جنگلوں میں جاہل اور ناخواندہ لوگ رہتے ہیں، جن کی قطعی پروا نہیں کرنی ہے۔

نہرو کے زمانے تک، جب مرکزی حکومت نے ویریئر ایلون کو شمال مشرق کے قبائلی معاملات کا مشیر مقرر کیا تھا، کم از کم اس بات پر بحث ہوتی تھی کہ جنگل میں رہنے والوں کی حالت اور ان علاقوں کے لیے حکومت کی پالیسی کیا ہونی چاہیے۔ سیاست اس مسئلے پر منقسم تھی کہ جنگل کو جنگل ہی رہنے دیا جائے یا یہاں فیکٹریاں لگائی جائیں۔ اس بحث میں جنگل کی آواز کو بھی جگہ ملتی تھی۔

مثلاً ایلون کی 1958 کی کتاب A Philosophy for the North East Frontier Agency کے دیباچے میں، نہرو نے لکھا تھا کہ ''ہمیں ان علاقوں میں انتظامیہ کو زیادہ حاوی نہیں ہونے دینا ہے، اور نہ ہی ڈھیر ساری (سرکاری) اسکیمیں جھونک دینی ہیں۔ ہمیں ان کے سماجی اور ثقافتی اداروں کے ذریعے ہی کام کرنا ہے، ان کے خلاف نہیں۔''

اس تناظر میں ایک دلچسپ قصہ ہے کہ جب ایلون نے نہرو کو یہ بات بتائی کہ قبائلی اپنی زندگی دائرے کی شکل میں گزارتے ہیں، جب کہ آسام میں بنائے گئے نئے مکانات اور سرکاری دفاتر سیدھے خطوط پر ہیں، نہرو نے آسام کے وزیر اعلیٰ بملا پرساد چلیہا کو ٹوکا کہ ''اگر کسی قبائلی گاؤں میں بنایا گیا اسکول یا ڈسپنسری گاؤں کے طرز (عمارت) کے بالکل خلاف ہے، تو یہ پورے گاؤں میں ایک غیر معمولی چیز کی طرح نظر آئے گی ... اگر ہمیں قبائلیوں کے تعلقات افسروں سے استوار کرنے ہیں تو افسران کو ایسی عمارتوں میں نہیں رہنا چاہیے جو ان کے اردگرد سے بالکل بھی میل نہیں کھاتیں۔ (نہرو کا خط بنام چلیہا، مورخہ یکم اگست 1958)

نہرو اور ایلون کے اس نظریے کے مخالفین بہت تھے، جن کا خیال تھا کہ اس طرح جنگلات عجائب گھروں میں تبدیل ہو جائیں گے، لیکن یہ مکالمہ ایک خوش حال جنگل کا امکان پیدا کرتا تھا۔

پچھلی چند دہائیوں میں یہ مکالمہ تقریباً ختم ہو چکا ہے، اب چند کارکنوں، ادیبوں، صحافیوں، یونیورسٹی کے پروفیسروں کے علاوہ شاید کسی کو جنگل کی فکر نہیں اور انھیں بھی حکومت وقت 'ترقی مخالف' اور 'نکسل حامی' قرار دے کر بدنام کرتی ہے۔

ظاہر ہے ایسی صورت حال میں جنگل کی کہانی کی نوعیت بدل جائے گی، بلکہ بدل گئی ہے۔ ایک وقت تھا جب شیو کے اسطور میں مداخلت سے جنگل کی کہانی مکمل ہو جاتی تھی، لیکن اب جب لڑائی براہ راست پانی، جنگل اور زمین بچانے کی ہے، تو جنگل کی کہانی موت کی کہانی میں تبدیل ہو جاتی ہے۔ جنگل کے قصہ گو غائب ہو رہے ہیں، وہ اقتدار اور جنگل کے درمیان جاری محاذ کے سپاہی بن گئے ہیں - کچھ خاکی وردی پہن کر اقتدار کی طرف چلے گئے ہیں، دیگر بہت سارے ماؤ نوازوں کی شب خونی گوریلا فوج میں شامل ہو گئے ہیں۔ ان میں سے کسی کے پاس بھی متبادل راستہ نہیں ہے۔ یہ مہابھارت کی جنگ ہے۔ بستر کے ایک ہی گھر میں پیدا ہونے والے دو بھائی، دونوں برسرپیکار فوجوں کے درمیان بٹے ہوئے ہیں۔

آخر میں، چاہے کوئی بھی بچ جائے، تباہی مہابھارت کی جنگ کی طرح ہی ہوگی، بلکہ ہو رہی ہے۔ فتح کسی کی نہیں ہوگی، یہ جنگ شاید ایک ناگزیر اور شکست عظیم پر ختم ہونے والی ہے۔ بستر تباہ ہو چکا ہوگا۔ سینکڑوں بھیشم اپنے انجام کے انتظار میں بستر پر پڑے ہوں گے۔ کئی گرو درون کے شاگرد فریب سے ان کے ہی پیارے شاگردوں کے سر قلم کر چکے ہوں گے، کیونکہ قصہ گو کا انگوٹھا اور زبان پہلے ہی چھین لی گئی ہوگی۔

جو تہذیبیں کہانیوں کے لیے جگہ چھینتی جاتی ہیں، وہ اسی طرح تباہی کی طرف بڑھتی جاتی ہیں۔ کہانیاں انسان کو اس کی روح کو جھنجھوڑتی حسرت، ہوس، حسد، مایوسی، گھٹن وغیرہ کے اظہار اور ان سے آزاد ہونے کا موقع فراہم کرتی ہیں۔ جب کسی تہذیب میں کہانیوں کی کوئی گنجائش نہیں ہوتی تو موت خاموشی سے اس کے جسم میں داخل ہو جاتی ہے۔ نکسل کتھا اسی تخریب کی کہانی ہے۔

سنسکرت شاعری میں رشی تپسیا کے لیے جنگل آتے تھے، بن باس کے لیے شہزادے اور ان کے

ذریعے شہر کی ہوائیں اور خوشبوئیں بھی آتی تھیں، اب اقتدار کے نمائندے صرف زمین کی پیائش اور سودا کرنے آتے ہیں۔

دنتے واڑہ ہندوستان کے بہترین لوہے کو اپنے اندر چھپائے جی رہا ہے۔ اقتدار اور کاروبار کو ہر قیمت پر یہ لوہا چاہیے۔ قومی معدنی ترقی کارپوریشن (نیشنل منرل ڈیولپمنٹ کارپوریشن) کی یہاں بہت بڑی صنعت ہے، ایسر (Essar) کی بھی ہے۔ کانگریس ایم ایل اے کواسی لکھما، کمیونسٹ لیڈر منیش کنجام سمیت تقریباً تمام پارٹیوں کے مقامی قبائلی لیڈران طویل عرصے سے مطالبہ کر رہے ہیں کہ ان کی زمین اور ان کی معدنیات کی کان کنی کے حقوق انھیں دیے جائیں۔

ایک بار ایک مقامی نوجوان نے ایسر (Essar) کے بہت بڑے پلانٹ کی طرف اشارہ کرتے ہوئے مجھ سے کہا، ''شہر سے آئے جینز اور قمیص پہنے لوگ آپ کی زمین آپ سے چھین لیتے ہیں، اس پر بڑی بڑی عمارتیں بنا لیتے ہیں، آپ کی مٹی سے منافع کما کر مرغ اور بکرا کھاتے ہیں اور آپ پھٹے ہوئے انڈرویئر پہنے، پتّے پر چاول اور املی کی چٹنی لیے اس بڑی عمارت اور اس سے نکلنے والی گاڑیوں کو دیکھتے رہتے ہیں۔'' ایسی حالت میں آپ کیا کریں گے؟''

اس آدمی کی کہانی ظاہر ہے کسی تخریبی صورت میں اظہار پائے گی۔

سنسکرت شاعری یوگ وششٹھ نے لکھا ہے: ''یہ کائنات کسی کہانی کے باقی ماندہ اثر کی طرح ہے۔'' شاید یہ کوئی تشنہ کہانی رہی ہوگی جو اپنی ادھوری حسرتیں آنے والی نسلوں کے ذریعے مکمل کرنا چاہتی ہوگی۔

کیا ڈنڈ کارنیہ (دنڈک بن) بھی کسی تشنہ کہانی کی ہوس ہے جو موت کے ذریعے اپنا اظہار کر رہی ہے؟ ایک ایسی کہانی جسے سننے اور سمجھنے کی خواہش اور قوت ارادی شاید ہندوستانی سماج میں نہیں ہے، اس لیے کسی تعمیری مزاحمت کی عدم موجودگی میں موت اپنا وحشی تہوار منا رہی ہے۔

جب شہر کے افسانے جنگل تک پہنچتے تھے تو جنگل ان کا جواب اپنی انوکھی کہانی بنا کر دیتا تھا، اب جنگل اپنا نغمۂ مرگ شہر کو سنا رہا ہے، لیکن شہر آج بھی اس خوش فہمی میں جی رہا ہے کہ اپنی گانڈیو (ارجن کی کمان) اور پانچجنیہ (وشنو کا سنکھ/ ناقوس) کی آواز سے جنگل کی کہانی کو نیست و نابود کر دے گا۔ وہ بھول رہا ہے کہ اس کے بعد بھی کہانی آتش خاموش کی مانند باقی رہے گی۔

(ساہتیہ اکادمی، نئی دہلی میں منعقدہ قبائلی ادب پر قومی سیمینار میں پڑھے گئے انگریزی مضمون Tribal Tales: A Metaphor of Resistance کا ہندی ورژن ہے۔)

[بشکریہ 'سمالوچن'، یکم مارچ 2018]

مسلح تنظیمیں اور مسلم معاشرے

خورشید ندیم

خورشید احمد ندیم کا شمار دور حاضر کے معروف پاکستانی دانشوروں میں ہوتا ہے۔ کالم نگار اور اینکر ہونے کے ناطے آپ کے ابلاغ کا دائرۂ کار وسیع تر ہے۔ وہ ادارہ تعلیم و تحقیق کے سربراہ ہیں اور متعدد علمی و تحقیقی کتابوں کے مصنف بھی ہیں۔ سماجی موضوعات پر لکھے گئے ان کے کالموں کا مجموعہ 'متبادل بیانیہ' اہل فکر و نظر سے داد تحسین وصول کر چکا ہے۔ ان کا زیر نظر مضمون مسلم سماج کو درپیش مسلح شدت پسندی اور عسکریت پسندی، بالخصوص اپنی ہی حکومتوں کے خلاف برسرپیکار بغاوتی تحاریک کے فکری پس منظر اور ان تعبیرات دین میں موجود مغالطے سے آگاہی فراہم کرتا ہے۔ خورشید احمد ندیم کی خوبی یہ ہے کہ وہ نہ صرف مسائل کی نشاندہی کرتے ہیں بلکہ ان کے حل کے ممکنہ مواقع کی نشاندی کا فریضہ بھی سرانجام دیتے ہیں۔ وہ اس مضمون میں بھی اس ذمہ داری سے عہدہ برآ ہوتے نظر آتے ہیں۔

ریاست مدینہ کے قیام سے لے کر سقوط بغداد تک، مسلم تاریخ میں کوئی ایک لمحہ ایسا نہیں آیا جب اہل اسلام نے کسی نظم اجتماعی کے بغیر زندگی گزاری ہو۔ اس دوران اقتدار کی کشمکش جاری رہی اور مسلح تصادم بھی ہوئے۔ تاہم یہ کشمکش کسی ملی مقصد کے لیے نہیں، اقتدار کے لیے یا صاحبان اقتدار کی اہلیت کے باب میں ہوئی۔ کسی گروہ کو یہ مسئلہ پیش نہیں آیا کہ نظم اجتماعی کو خارج سے کوئی بڑا چیلنج درپیش ہو اور اجتماعی مفاد کا تقاضا ہو کہ اس مفاد کے تحفظ کے لیے تلوار اٹھائی جائے، لیکن نظم اجتماعی اس پر آمادہ نہ ہو اور ریاستی نظم سے بغاوت کرتے ہوئے یہ فریضہ مسلمانوں کے کسی گروہ کو ادا کرنا پڑا ہو۔ یا پھر حکومت کے خلاف، اس وجہ سے بغاوت کو روا رکھا گیا ہو۔

مسلح بغاوتوں کا آغاز خلافت راشدہ ہی میں ہو گیا تھا۔ اس سے پہلے اگر اقتدار کے معاملے میں کوئی

اختلاف ہوا بھی تو وہ نچی سطح پر اظہارِ ناراضی ہی تک محدود رہا۔ پہلی مسلح بغاوت حضرت عثمانؓ کے خلاف ہوئی جس کا انجام ان کی شہادت پر ہوا۔ تاریخی آثار سے معلوم ہوتا ہے کہ یہ بغاوت ابتدائی مرحلے میں سیاسی تھی لیکن اس میں انتہا پسندی موجود تھی۔ کوفہ اس نوعیت کی سرگرمیوں کا مرکز تھا، جہاں سے یزید بن قیس پہلی بار ایک گروہ کے ساتھ مدینے کی طرف روانہ ہوا تاکہ حضرت عثمانؓ سے دستبرداری کا مطالبہ کرے۔ یزید کو قعقاع بن عمرو نے گرفتار کر لیا۔ گرفتاری پر اس کا موقف تھا کہ وہ تو صرف والیٔ کوفہ سعید بن العاصؓ کی تبدیلی چاہتا ہے۔ اس پر اسے آزاد کر دیا گیا۔ اس نے خط لکھ کر اشتر نخعی کو کوفے سے بلا لیا جسے اس تحریک کا سرغنہ سمجھا جاتا تھا۔

وہ جب کوفہ پہنچا تو ایک ہنگامہ اور فساد برپا ہو گیا۔ اشتر نخعی نے سعید بن العاصؓ کے ایک غلام کو قتل کر دیا۔ اندازہ ہوتا ہے کہ یہ ایک منظم سیاسی تحریک کے پس منظر میں پہلا پُرتشدد واقعہ تھا۔ اس کا انجام اس وقت سامنے آیا جب خلیفۂ وقت کو شہید کر دیا گیا۔ گویا حضرت عثمانؓ کی شہادت ایک سیاسی تحریک کا نتیجہ تھی جس نے تشدد کا راستہ اپنایا۔ یہ واقعہ مسلم معاشرے کے داخلی بحران کا شاخسانہ تھا۔ دورِ جدید میں بھی ایسے واقعات کا ہونا عجوبہ شمار نہیں ہوتا کہ حکومت کے خلاف کسی سیاسی تحریک میں لوگ تشدد کا راستہ اپنا لیں اور انسانی جانیں اس کی نذر ہو جائیں۔

سقوطِ بغداد پہلا موقع تھا جب مسلمانوں کے نظمِ اجتماعی کو ایک بڑا خارجی چیلنج درپیش ہوا اور مسلمانوں کا سیاسی نظم اس قابل نہیں تھا کہ اس کا سامنا کر سکے۔ اس موقع پر عام مسلمانوں کو مسلح اقدام پر ابھارا گیا۔ امام ابن تیمیہ کا کردار اس میں بہت بنیادی تھا۔ اسی وجہ سے ایک رائے یہ قائم کی گئی کہ مسلمانوں میں جن لوگوں نے تشدد کو متعارف کرایا، ان میں ابن تیمیہ کی حیثیت امام کی ہے۔ یہ رائے قائم کرتے وقت، اس بات کو نظر انداز کیا جاتا ہے کہ ایک فعال نظمِ اجتماعی کی موجودگی میں، امام ابن تیمیہ نے مسلمانوں کو یہ درس نہیں دیا کہ وہ ریاست سے صرفِ نظر کرتے ہوئے، اپنے طور پر مسلح اقدام کریں۔

جہاں تک مسلمانوں کے داخلی اختلافات کا تعلق ہے تو انھوں نے ناپسندیدہ حکومت کے خلاف بھی اقدام سے روکا کیونکہ ان کے نزدیک یہ مسلم معاشرے میں فساد کا باعث بن سکتا ہے۔ 'منہاج السنہ' میں انہوں نے لکھا: ''حضرت محمد صلی اللہ علیہ وسلم کی بعثت مسلمانوں کی معاش و معاد کی اصلاح و فلاح کے لیے ہوئی تھی۔ آپ نے ہر اس بات کا حکم دیا جس میں صلاح (بھلائی) ہے۔ اور ہر اس بات سے منع فرمایا جس میں فساد (بگاڑ اور برائی) ہے۔ پس ایسا کوئی کام، اگر سامنے آتا ہے جس میں صلاح و فساد دونوں پہلو پائے جاتے ہوں تو اہلِ سنت یہ دیکھتے ہیں کہ فساد کا پہلو غالب ہے یا فلاح کا۔ اور پھر جو پہلو غالب نظر آتا ہے، اسی کے مطابق اس کام پر حکم لگاتے ہیں... پس ایک یزید یا عبدالملک یا منصور جیسا کوئی شخص خلافت کے منصب پر فائز ہو جائے تو سوال پیدا ہوتا ہے کہ آیا اس سے قتال کر کے کسی بہتر شخص کو اس کی جگہ لانے کی کوشش کی جائے؟ اہلِ سنت اس کا جواب نفی میں دیتے ہیں کیونکہ ایسے فعل سے بہ نسبت بھلائی اور مصلحت کے، بگاڑ اور فساد کے امکانات زیادہ ہیں۔''

آج مسلم ریاستوں میں جو مسلح تحریکیں پائی جاتی ہیں، ان میں سے زیادہ تر وہ ہیں جن کا خیال یہ ہے

کہ مسلمان حکمران غیر مسلموں، جنھیں وہ کفار قرار دیتے ہیں، کے باب میں اپنی دینی ذمہ داریوں سے صرفِ نظر کر رہے ہیں۔ یہی نہیں، وہ مسلمانوں کے مجموعی مفاد سے چشم پوشی کرتے ہوئے، اپنے فرائض منصبی سے غفلت کے مرتکب ہو رہے ہیں اور یوں اعلانیہ یا در پردہ اسلام دشمن قوتوں کے ایجنٹ کا کردار ادا کر رہے ہیں۔

دورِ جدید کے بعض اہل علم نے قرآن مجید کی اصطلاح 'طاغوت' کے مفہوم کو وسعت دیتے ہوئے، اس میں مسلمان حکمرانوں کو بھی شامل کیا ہے۔ چونکہ دین میں طاغوت کے خلاف اعلان جنگ کرنا ضروری ہے، اس لیے ان تحریکوں اور تنظیموں نے مسلمانوں کے نظم اجتماعی کے خلاف بھی اعلان جنگ کو دین کا تقاضا قرار دیا ہے۔ ان تنظیموں نے بالفعل خود کو نظم اجتماعی کا متبادل سمجھتے ہوئے، وہ ذمہ داریاں سنبھال لی ہیں جو دینی احکام کے تحت ایک ریاست کی ذمہ داریاں تھیں۔ جیسے قتال یا حدود کا نفاذ۔ افریقا اور مشرق وسطیٰ کی مثالیں ہمارے سامنے ہیں جہاں الشباب، بوکوحرام اور داعش جیسی تنظیمیں یہ کام کر رہی ہیں۔

مسلم ریاستوں نے بھی بعض اوقات یہ گمان کیا کہ ان تنظیموں سے 'قومی مفاد' میں کام لیا جاسکتا ہے۔ یا اگر یہ نظم اجتماعی کو چیلنج نہ کریں اور ان ریاستی مقاصد میں معاون ہوں، جن کی آبیاری کے لیے، یہ ریاستیں اپنی بین الاقوامی مجبوریوں کے تحت، اعلانیہ کوئی قدم نہیں اٹھاسکتیں، تو انھیں گوارا کیا جائے۔ مشرق وسطیٰ اور افغانستان سمیت، کئی مقامات پر ہمیں اس کی مثالیں مل جاتی ہیں۔

ان تجربات کے دو نتائج ہمارے سامنے ہیں۔ ایک تو یہ کہ کسی ریاست کے لیے بالآخر یہ ممکن نہیں رہا کہ یہ تنظیمیں کسی خاص حد کی پابند رہیں اور نظم اجتماعی کو چیلنج نہ کریں۔ وقت گزرنے کے ساتھ یہ مرحلہ ضرور آیا کہ ان کا وجود خود اس نظم اجتماعی کے لیے چیلنج بن گیا۔ دوسرا یہ کہ بین الاقوامی حالات ان تنظیموں کے لیے سازگار نہیں رہے اور کوئی ریاست ان کی سرپرستی کا الزام اپنے سر نہیں لے سکتی۔

آج مسلم ریاستوں میں اس مسئلے پر بطور خاص غور کرنے کی ضرورت ہے۔ لازم ہے کہ دینی تعلیمات ، تاریخ اور معروضی حالات کی روشنی میں مسلح تنظیموں کی افادیت یا عدم افادیت پر سنجیدہ مکالمہ ہو۔ اس کی ایک وجہ یہ ہے کہ ان تنظیموں کی وجہ سے صرف مسلم قومی ریاستوں ہی کو نہیں، دین اسلام کو بھی خطرات لاحق ہو چکے ہیں۔ چونکہ یہ مسلح تنظیمیں اپنے وجود کی تائید میں دینی دلائل پیش کرتی ہیں، اس لیے، ان کے اقدامات کو دینی تعلیمات کا نتیجہ قرار دیا جاتا ہے۔

اس کے ساتھ یہ سوال بھی قابل غور ہے کہ تاریخ میں ان تنظیموں نے مسلمانوں کے اجتماعی مفاد کو نقصان پہنچایا ہے یا فائدہ؟ اس کے شواہد موجود ہیں کہ کسی ریاست میں جب تشدد پر ریاست کی اجارہ داری ختم ہو جاتی ہے تو پھر معاشرے کو انتشار اور فساد سے بچانا ممکن نہیں رہتا۔ ماضی میں یہی ہوا اور آج بھی یہی ہو رہا ہے۔ یہ نتیجہ اتنا واضح ہے کہ جس ریاست میں یہ تنظیمیں موجود ہوں، اس کے دشمن انھیں اپنا اثاثہ سمجھنے لگتے ہیں۔

پاکستان میں ریاستی سطح پر اس بات کے آثار ہیں کہ اس مسئلے پر سنجیدہ غور و فکر کا آغاز ہو گیا ہے۔ اہل

دانش کا ایک حلقہ تو برسوں سے یہ مقدمہ پیش کر رہا تھا، اب اندازہ ہوتا ہے کہ ریاست نے بھی معاملے کی حساسیت کو جان لیا ہے۔ تاہم اس وقت سول سوسائٹی، میڈیا اور ریاست کے مابین اعتماد کا وہ رشتہ مستحکم نہیں ہوسکتا جو انھیں کسی اجتماعی کوشش کے لیے یکسو کر سکے اور باہمی شکوک وشبہات کا ازالہ کر سکے۔ آج ضرورت ہے کہ اس معاملے میں کامل فکری و عملی یکسوئی سامنے آئے تاکہ پاکستانی معاشرہ اس کیفیت سے نکل سکے جس نے چار دہائیوں سے اسے فساد میں مبتلا کر رکھا ہے۔

ضرورت ہے کہ دیگر مسلم معاشروں میں بھی ان ہی خطوط پر کام ہو اور مسلم ممالک آفاقی اقدار پر اتفاق کی بنیاد پر عالمی معاشرت کا فعال حصہ بنیں۔

[بشکریہ 'تجزیات آن لائن'، یکم اپریل 2019]

سفید فامی کا مذہب ایک خودکش مسلک

پنکج مشرا

ترجمہ: شوذب عسکری

جغرافیائی سیاست کے بطن سے ابھری زخم خوردہ، غرورزدہ شناخت نے دنیا کا امن خطرے میں ڈال دیا ہے۔ پنکج مشرا کا شمار معروف قلمکاروں میں ہوتا ہے جن کی تاریخ، سماجیات اور مشرقیات پر گہری نظر ہے۔ وہ اب تک کئی کتابیں لکھ چکے ہیں جن کی نہ صرف یہ کہ عالمی سطح پر پذیرائی ہوئی ہے بلکہ انھیں ان پر کئی عالمی ایوارڈز بھی مل چکے ہیں۔ مشرا ادب اور سیاست کے موضوعات پر 'نیویارک ٹائمز' میں کالم بھی لکھتے ہیں۔ مشرا کا زیرِ نظر مضمون سفید فام برتری کا تصور اور اس کے نتیجے میں دنیا میں رونما ہونے والے واقعات کا احاطہ کرتا ہے۔ دنیا میں مشرق و مغرب کا جو تصور موجود ہے یہ درحقیقت کالے اور گورے کا تصور ہے جس نے دورِ حاضر میں ایک کشمکش کی صورت اختیار کر لی ہے۔ یہ تنازعہ کیا رخ اختیار کرتا جا رہا ہے۔ اس کا احاطہ مشرا نے کرنے کی کوشش کی ہے۔

سفید فام کی اصطلاح جسے ایک غیر معروف آسٹریلوی ماہرِ تعلیم اور مصنف چارلس ہنری پیئرسن نے اپنی کتاب 'نیشنل لائف اینڈ کریکٹر: اے فورکاسٹ' میں استعمال کیا تھا، اسے اب ان لوگوں سے ہار اور ہزیمت کا سامنا کرنا پڑے گا جسے وہ اپنے سے کمتر سمجھتے تھے جیسا کہ سیاہ فام اور ایشیائی نسلیں، خاص طور پر چین ان کے لیے بڑا خطرہ ثابت ہوگا۔ پیئرسن، جسے ایشیا کے ہمسائے میں واقع ایک کالونی میں رہتے ہوئے اپنی نسل کے خاتمے کا خطرہ تھا، اس نے سوچا کہ یہ اس کے لیے لازم ہے کہ وہ اس کا دفاع کرے تاکہ دنیا کے اس آخری خطے میں اعلیٰ نسلیں آزادی سے پروان چڑھ سکیں اور ایک اعلیٰ تہذیب ممکن ہو سکے۔ نسلی بقا کا وہ نسخہ جو اس نے دیا، اس کی گونج

ان انگریز مردوں میں زیادہ سنائی دی جن کا تاریخی تعلق جزیرہ برطانیہ سے ہے۔

تھیوڈور روزوویلٹ، جو انیسویں صدی میں مطمئن عقیدے کے حامل تھے، کو اس نسل پرستانہ جھوٹی سائنس سے سہارا ملا کہ بے چاری تمام غیر سفید فام نسلیں کمتر ہیں۔ انھوں نے پیئرسن کو مطلع کیا کہ آپ کی کتاب کا جن لوگوں پر سب سے زیادہ اثر ہوا ہے، ان کی بڑی تعداد واشنگٹن میں موجود ہے۔

آئندہ آنے والے سالوں میں برطانیہ اور اس کی کالونیات، آسٹریلیا، کینیڈا اور ریاست ہائے متحدہ امریکہ کے سیاستدان اور ماہرین مل کر ایک ایسی اعلیٰ نسلی شناخت کو تشکیل دیں گے جو نسلوں کی جغرافیائی سیاست پر منحصر ہوگی۔ اب یہ اپنے آخری بے تاب مرحلے تک پہنچ چکی ہے کہ جہاں سفید فام حکمرانی کی بقا کو خطرہ لاحق ہے اور یہ سوچ دنیا کی جدید ترین سلطنت کے مرکز اور مضافات میں بے قرار طرح سے دکھائی دیتی ہے۔ ''آج کا بنیادی سوال یہ ہے کہ کیا مغرب کے پاس یہ صلاحیت ہے کہ وہ بچ جائے؟'' صدر ٹرمپ کی اس تقریر کو برطانوی صحافی ڈگلس مرے، کینیڈا کے کالم نگار مارک اسٹین اور امریکی مدیر رچ لورے نے بہت پسند کیا۔ مسٹر ٹرمپ نے ایک جھوٹی ٹوئیٹ کی کہ جنوبی افریقہ میں سفید فام کسانوں کا قتل عام کیا جا رہا ہے، یہ ان کی اس ذہنیت کی عکاسی کرتا ہے جس کی بنیاد دنیا بھر میں سفید فام نسل پرستی کے فروغ میں مشغول روپرٹ مرڈاک کے میڈیا نے قائم کی ہے۔

سفید فام نسل پرستی کے جذبات کو جدید دور کی انگریزی بولنے والی جمہوری ریاستوں میں اس قدر جلد مرکزیت ملنے کی وجوہات سمجھنے کے لیے ہمیں انیسویں صدی کے اواخر میں انگریز راج کے دوران ہونے والی وسیع عالمی نقل مکانی اور نسلی اختلاط کو سمجھنا ہوگا۔ ریاست ہائے متحدہ امریکہ اور آسٹریلیا جیسے ممالک جہاں، جیسا کہ روزویلٹ نے 1897 میں فخریہ طور پر تحریر کیا ''جمہوریت، اور وہ بھی نسلی خودغرضی کی جبلت کے ساتھ'' نے دیگر نسلوں کو بظاہر دشمن سمجھا اور ان خطرناک اجنبیوں کو اپنی حدود سے باہر رکھا۔ یہ جمہوریت کی ماں کہلائی جانے والی سرزمین میں ہے، نہ کہ فاشسٹ یورپ میں جہاں نسلی درجہ بندیوں نے پہلی مرتبہ جدید دنیا وضع کی۔ یہ آج بھی اسی سرزمین میں ہے جہاں ان کے تحفظ کی آخری خندق موجود ہے اور جہاں اس سلسلے کی خطرناک لڑائی لڑی جا رہی ہے۔ اس 'نسلی خودغرضی' کو انیسویں صدی میں عروج ملا جب 'اعلیٰ نسلوں' کی اشرافیہ نے تکلیف دہ عالمگیریت کے سبب جنم لینے والی تبدیلیوں کے نتیجے میں ابھرنے والی بے اطمینانی کو روکنے کی کوشش کی: تیز معاشی ترقی، روپے پیسے، مال اسباب اور محنت کی بڑھتی ہوئی ترسیل کے ساتھ ساتھ ملازمتوں اور بہتر طرز زندگی کا خاتمہ ہوتا چلا گیا۔ خوفزدہ حکمران طبقے کے لیے، سیاسی طرز کا انحصار ان کی اس صلاحیت پہ ہے کہ وہ اس اتحاد کو قائم رکھ سکیں، جیسا کہ ہنا ایرنٹ نے لکھا ہے، 'سرمایہ اور عوام'، یعنی طاقتور اور امیر گوروں اور ان کے درمیان اتحاد جنھیں صنعتی سرمایہ داری نے فالتو بنا دیا تھا۔ غیر گورے لوگوں کے اخراج اور رسوائی سے بظاہر لگتا ہے کہ اس کے ذریعے ان لوگوں کے لیے عزت افزائی کا سامان کیا گیا جنھیں معاشی اور تکنیکی تبدیلیوں نے کمتر بنا دیا تھا۔

سیاسی ماحول کی تیاری کے لیے دانشوران کی جانب سے واضح ارادوں کے ساتھ نسل پرستی پہ قائم

نظریات بنائے گئے، جیسا کہ روزوویلٹ کا دوست بروک ایڈمز اورنسل انسانی کی اصلاح پہ کام کرنے والا معروف نظریہ دان چارلس بی ڈیونپورٹ آسٹریلیا میں، پیئرسن کے ڈاروان ازم کومیڈیا مالکان کے ذریعے پھیلایا گیا جیسا کہ کیتھ مورڈاک (جو کہ روپرٹ مورڈاک کا باپ اورنسل انسانی میں تبدیلیوں کی تحریک کا سرگرم رہنما تھا)اور وائٹ آسٹریلیا پالیسی کو قانونی بنایا گیا جس کے ذریعے بیسویں صدی کے دوران غیر گورے لوگوں کی نقل مکانی کوروکا گیا۔ ریاست ہائے متحدہ امریکہ میں اقلیت مخالف جذبات میں عروج 1924 میں آئے امیگریشن لاء کے بعد آیا۔ (جسے ہٹلر نے بہت سراہا تھا اور جیف سیشن نے بھی سراہا) اس قانون کے ذریعے یہودی نقل مکانی کو امریکہ کی جانب روکا گیا اور ایشیائی لوگوں کی امریکہ آمد پہ پابندی لگا دی گئی۔ بیسویں صدی کے آغاز میں مقامی لوگوں، تارکین وطن اور افریقن امریکی نسل کے لوگوں کے خلاف تشدد کا استعمال اپنے عروج پہ پہنچ گیا اورنسل پرستی وموروثیت پہ یقین رکھنے والے عوامی لیڈران نے بے دخلی، علیحدگی اور حقوق کے خاتمے کی سیاست پہ قبضہ جمالیا۔

عالمی سیاست پہ گوروں کی حکومت کو برقرار رکھنے کے لیے روزوویلٹ نے ریاستہائے متحدہ امریکہ کو ایک بڑی استعماری طاقت میں تبدیل کرنے کے لیے مدد کی۔ ووڈرو ولسن نے بھی اس کو تحفظ دیا جیسا کہ وہ بیان کرتے ہیں کہ ''گوری تہذیب اور کرۂ ارض پہ اس کی حاکمیت''، انھوں نے تو اس طرح لبرل انٹرنیشنل ازم کے بیانیے کو نرم انداز میں بیان کیا ہے کہ آج بھی امریکی سیاست اور میڈیا میں بہت سے لوگ اس کا راگ الاپتے ہیں۔ جنگ عظیم اول کے اختتام پہ پیرس امن کانفرنس میں جو ووڈرولسن کی صدرات میں ہوئی تھی، اس کے دوران برطانیہ، امریکہ، جنوبی افریقہ، نیوزی لینڈ اور کینیڈا نے رہنماؤں نے نہ صرف بہت سی افریقی اور ایشیائی اقوام کو حق آزادی مانگنے پہ ذلیل کیا بلکہ جنگ کے دوران اپنے اتحادی جاپان کی اس کوشش کو مشترکہ طور پر ناکام بنایا جس میں اس نے لیگ آف نیشنز کے اندر اقوام عالم کی برابری کی شق شامل کرنے کی بات کی تھی۔

نازیوں کے جرائم کے انکشافات اور بعد ازاں نو آبادیاتی نظام کا خاتمہ اور شہری حقوق کی تحریکوں کے احیا کے دوران نسل پرستی کی جھوٹی سائنس اور گوروں کی حکمرانی پر مبنی تصورات کو بدنامی کی حد تک رسوائی ملی۔ ہمارے اپنے عہد میں، عالمی سرمایہ داری نظام کا وعدہ ہے کہ وہ معاشی انضمام کے ذریعے رنگت کے فرق کو یکساں مٹا دے گا۔ تاہم حال ہی میں عالمگیریت کے خلاف اٹھنے والی تحریکوں کے دوران انتشار کا مرحلہ یہ ہے کہ سفید فام سرزمین میں موجود سیاستدانوں اور رہنماؤں نے ایک بار پھر سماج کی سیاسی تعمیر ان بنیادوں پہ کرنے کی کوشش شروع کی ہے جس کے متعلق 1910 میں ڈبلیو۔ ای۔ بی۔ ڈوبائس نے 'سفید فامی کا نیا مذہب' کی اصطلاح استعمال کی تھی۔

سفید فام دانشوران کی کھیپ جو انیسویں صدی کے اواخر میں آسٹریلیا میں پروان چڑھی تھی، ایک بار پھر ہڑبڑانے لگی ہے، جیسا کہ مورخین مثلاً میریلین لیک اور ہنری رینولڈز نے اصطلاحاً بیان کیا ہے۔ ''نسل پرستی پہ مبنی علم اور ٹیکنالوجی نے سفید فام ریاستوں میں علیحدگی، بے دخلی اور اخراج کی کوششوں کو متحرک کیا ہے۔'' مسٹر ٹرمپ نے مثلاً بدنام زمانہ آسٹریلوی امیگریشن پالیسی کو بہت پسند کیا ہے اور اسے بطور نمونہ اپنایا ہے۔ ''یہ بہت

بہترین ہے۔ہمیں یہ کرنا چاہیے۔'' انھوں نے یہ الفاظ آسٹریلوی وزیر اعظم میلکم ٹرنبل سے ادا کیے جب وہ ان سے ملے اور انھیں بتایا کہ انھوں نے تارکین وطن کو ہتھکڑیاں لگا کر دور دراز کیمپوں میں قید کر دیا ہے۔ ''تم مجھ سے بھی بُرے ہو۔'' ٹرمپ نے انھیں جواب دیا۔

اگر قدامت پسند آسٹریلوی سیاستدان ان پہلوں میں شامل تھے جو کہ متنازعہ سفید فام نسل پرست بیانیے کو مرکزی دھارے میں لا رہے ہیں تو روپرٹ مورڈاک کے ہفتہ وار رسالوں اور ٹیلیویژن چینلز نے دن رات کام کر کے سفید فام خطوں میں سرمائے اور عوام کے اتحاد کو بنائے رکھنے میں مدد کی ہے۔ مسٹر مورڈاک کے اخبارات میں لکھنے والے لکھاری مثلاً برنارڈ لیوس، نیل فرگوسن، ڈیوڈ فرام، اینڈریو سلویان اور اینڈریو روبرٹس نے بارہا امریکن نو قدامت پسندوں کو نائن الیون کے بعد ابھارا ہے کہ وہ سفید فام ذمہ داری کا عمر رسیدہ موضوع پھر سے اٹھائیں اور مقامی بغاوتوں کو کچل دیں۔

انگریزی بولنے والوں کی سفید فام انتظامیہ میں ایسے بہت سے افراد ہیں بشمول صدر ٹرمپ کے بہت سے نمائشی ناقدین کے جنھوں نے اس سرزمین کو زرخیز بنایا جہاں ٹرمپ ازم خوب پھلا پھولا۔ ٹونی بلیئر نے عراق جنگ کے دوران 'یو ایس برطانیہ اتحاد' کو مزید پھیلانے کی کوشش کی جسے مورڈاک میڈیا نے خوب سراہا۔ کینیڈا اور آسٹریلیا کے رہنماؤں نے بھی سیاہ فام اور ایشیائی لوگوں کی پکڑ دھکڑ، حوالگی اور تشدد میں خوب جی جان سے ہاتھ بٹایا۔

یہ امر باعث حیرت نہیں ہے کہ سفید فام کالونیوں میں آباد یہ رہنما ثقافت کی لڑائی لڑنے والے جنگجو بھی ہیں، یہ تمام لوگ نجی سطح کے مخیر اداروں سے وابستہ ہیں جو سیاسی اصلاح کے لیے اسلام اور عورتوں کے حقوق جیسے موضوعات کی کھال کھینچتے ہیں، وہ حقائق جو غیر منصفی اور غیر برابری پر سے پردہ اٹھاتے ہیں، انھیں نظر انداز کرتے ہیں، اس امر پہ نوحہ کناں رہتے ہیں کہ اعلیٰ مغربی تہذیب خطرے کا شکار ہے اور اسرائیل جیسی ریاست کے لیے برادرانہ ہمدردی کا رویہ اپناتے ہیں جو کہ دنیا میں آباد کار پناہ گزینوں کا آخری سرگرم پراجیکٹ ہے۔

یہ محض ہیجان انگیزی ہے، نہ کہ کوئی انداز اور طریقہ کار یا دانش مندی جو سفید فام طاقتور لوگوں کا آپس میں اس قدر مضبوط گٹھ جوڑ بناتی ہے۔ انگریزی دانوں کے لیے جو پہلے غلاموں کے کاروبار اور نوآبادیاتی نظام کے ذریعے مضبوطی سے جڑے ہوئے تھے، اب آخری بحران کی زد میں ہیں۔ سفید فام نسل پرستوں کو یہ یقین تھا، جیسا کہ ڈوبوئس نے لکھا تھا کہ ''زمین کی اصل ملکیت انھی کی ہے اور ہمیشہ ہے۔'' مگر انھی زمینداروں کے وارثوں کے لیے آج اپنے وطن میں اور پردیس میں گھیرا تنگ ہو گیا ہے، ان کی حد سے بڑھے ہوئے اس طاقت کے فہم کو کہ وہی دنیا کے پولیس مین ہیں اور وہی دنیا کی آخری ترجیح ہیں، دنیا بھر میں چیلنج کیا جا رہا ہے۔

ان طاقتور مگر خوفزدہ مردوں کے لیے مسٹر ٹرمپ کا ظہور 'اعلیٰ نسلوں' کے وجود کے محافظ کے جیسا ہے۔ مسلم مخالف برطانوی قدامت پسند سیاستدان بورس جانسن کہتا ہے کہ ''ان کے دل میں ڈونلڈ ٹرمپ کی قدر بڑھتی جا رہی ہے۔'' مسٹر مرے جو کہ برطانوی صحافی ہیں، ان کا کہنا ہے کہ مسٹر ٹرمپ مغرب کو ان کی عظمت کی یاد دلا

رہے ہیں کہ وہ کیا کچھ ہوا کرتے تھے۔ کینیڈا سے تعلق رکھنے والے یوٹیوب اسٹار جورڈن پیٹرسن کا دعویٰ ہے کہ 'شناختی سیاست' سے انھیں اتنی نفرت ہے کہ وہ شاید ڈونلڈ ٹرمپ کو ووٹ دے دیتے۔

دیگر خوفزدہ سفید فام نہ صرف زہریلے انداز میں 'شناختی سیاست' اور 'سیاسی اصلاح' (تاریخی طور پر دھتکارے ہوئے لوگوں کا وہ ضابطہ جس میں انھوں نے ہمت کی ہے کہ وہ ان کے ساتھ کیے گئے سلوک کے ازالے کی خاطر کچھ اقدار کا نفاذ چاہتے ہیں) کو مسترد کرتے ہیں بلکہ وہ جھگڑالو طریقے پہ دعویٰ کرتے ہیں کہ سفید فام نہ صرف بہترین مخلوق تھے بلکہ وہ تاحال بہترین مخلوق ہیں۔ ''وقت آ گیا ہے کہ پھر سے نوآبادیاں بنانے کے لیے ارادہ باندھا جائے۔'' بروس گلے، ایک کینیڈین معلم نے حال ہی میں زور دیتے ہوئے کہا اور اسے انتہائی دائیں بازو کے افراد کی کہکشاں میں جلد ہی شہید کا رتبہ عطا ہو گیا کیونکہ اسے سیاسی مصلحین کی جانب سے تنقید کا نشانہ بنایا گیا تھا۔

اس طرح کے لوگ جو مغربی حاکمیت کو بار بار زندہ کرنے کی کوشش کرتے ہیں اور ان میں سے اکثر نسل پرستی کی جھوٹی سائنس کے ماننے والے ہیں، ہمیں یاد دلاتے رہتے ہیں کہ تاریخ بسا اوقات اپنے آپ کو دانشوری کا ڈھونگ رچا کے بھی دہراتی ہے۔

بہروپیے پن کی اس گھٹیا مذاق کا یہ مطلب نہیں کہ ہم زخم زدہ اور گھمنڈی شناخت پر مبنی جغرافیائی سیاست کے خطرناک اثرات کو نظر انداز کریں۔ دہشت گردی کے خلاف جنگ نے انیسویں صدی کی ان گمشدہ استعماری دستاویزات کو کھول دیا جن کے مطابق سانولے دشمن نیم انسان تھے اور ان کے خلاف تشدد اور لاقانونیت جائز تھی۔

بیسویں صدی کے امریکہ میں حق رائے دہی کے حصول کی کوششوں نے بہت مشکلات دیکھیں، اب غیر سفید فام ووٹرز کو حق رائے دہی سے محروم کر دینے کی باتیں کر کے ری پبلکنز نے اس کوششوں کا مذاق اڑایا ہے۔ آسٹریلوی قانون ساز جس نے حال ہی میں آسٹریلیا میں مسلم نقل مکانی کو روکنے کے لیے آخری حل تجویز کیا ہے، اس کا لب و لہجہ عوامی مباحثے کے لحاظ سے بہت مختلف تھا۔ نسل پرستی کے جرائم کی شرح امریکہ، کینیڈا اور برطانیہ میں بلند ہوتی جا رہی ہے۔ زیادہ خطرے کی بات یہ ہے کہ آبادی میں، معیشت میں اور سیاست میں جو گراوٹ ہے اور جس طرح سے علمی انحطاط واقع ہو رہا ہے اس نے بہت سے طویل مدت فاتحین کو کینہ پرور مایوسیوں میں دھکیل دیا ہے۔

محض ایک صدی پہلے بھی اس بات کا خدشہ تھا کہ سیاہ فام یا ایشیائی لوگ انھیں رستے سے ہٹا دیں گے اور اس سے ان کی نسلی بقا کو خطرات لاحق ہو جائیں گے۔ آج جب پیرسن کی یہ پیشگوئی سچ ہو رہی ہے کہ چین ترقی کر رہا ہے تو اس کے ساتھ ساتھ یہ بھی حقیقت ہوتا جا رہا ہے کہ سفید فامی کا مذہب ایک خودکش مسلک کا روپ دھار رہا ہے۔

ٹرمپ کی صدارت میں شروع کی گئی تجارتی جنگوں، پابندیوں، سرحدی دیواروں، بے دخلیوں، شہریت

سلبیوں اور مزید برآں ایسی پالیسیوں سے جو بالکل آخری مراحل میں اٹھائی جا رہی ہیں، کی وجہ سے وہ خطرناک خدشات حقیقت کا روپ دھار رہے ہیں جن کے متعلق جیمز بالڈوین نے ایک بار اشارہ دیا تھا کہ 'اعلیٰ نسلوں' کے حکمرانوں نے جنھیں اس دولت کو سنبھانے میں مشکل پیش آ رہی ہے، جو انھوں نے دوسری نسلوں سے چرائی ہے اور یہ لوگ اپنے ضمیر میں جھانکتے بھی نہیں ہیں، ایک روز ایک ایسی لاقانونیت کو جنم دیں گے جس میں نسلوں کی تفریق پہ مبنی ایسی جنگ کا آغاز ہوگا کہ جس سے اگر یہ دنیا ختم نہ بھی ہوئی تو اسے ناقابل تلافی نقصان ہوگا۔

[بشکریہ 'تجزیات آن لائن'، یکم دسمبر 2018]

مسلمانوں کا شناختی بحران

کیون میکہم

تلخیص و ترجمہ: سجاد اظہر

کیون میکہم، Brigham Young University ہوائی امریکہ میں سیاسیات کے شعبے میں اسسٹنٹ پروفیسر کے فرائض ادا کر رہے ہیں۔ اس سے قبل وہ جارج واشنگٹن یونیورسٹی میں بھی پڑھا چکے ہیں۔ کیون میکہم کو عرب، ترکی اور اسلامی دنیا کی اسلامی تحریکوں پر دسترس حاصل ہے، ان کا یہ مضمون بھی اسی سلسلے میں ایک اچھی کاوش ہے جس میں وہ ان وجوہات کا جائزہ لیتے ہیں کہ کیسے شدت پسندوں کے آنے سے مسلم سیاسی جماعتیں متاثر ہوئی ہیں۔

2011 کے بعد سے عرب دنیا میں ہونے والی سیاسی تبدیلیوں نے ڈرامائی انداز میں وہاں پر سیاسی سرگرمیوں اور مکالمے کو نیا رنگ دیا ہے اور وہاں جاری اسلامی تحریکوں کو سیاسی اور تزویراتی طور پر متاثر کیا ہے۔ درحقیقت اس بات میں وزن بہت کم ہے کہ کئی ممالک میں جاری اسلامی تحریکیں بحران کا شکار ہیں۔ یہاں مسئلہ ان کی پذیرائی یا ان کے جائز و ناجائز ہونے کا نہیں ہے۔ کئی اسلامی تحریکوں کو اس قدر پذیرائی ملی ہے کہ اب وہ ان ممالک کے مستقبل سے جڑ چکی ہیں۔ اتنا ضرور ہے کہ اسلامی گروہ سیاسی شناخت کے بحران کا شکار ہیں جس کی وجہ سے وہ اپنے ہی بیانیے کے بارے میں گومگو کا شکار ہیں۔ انھیں بھی یہ بات اچھی طرح معلوم ہے کہ وہ اپنے نصب العین سے ہٹ رہے ہیں۔ قومی دھارے کی اسلامی تحریکیں اسی صورتحال سے دو چار ہیں جس کی وجہ سے ان کی سیاسی بنیادوں کو بری طرح سے دھچکا لگ چکا ہے۔ جیسے جیسے ان کے بارے میں معلومات سامنے آ رہی ہیں تو معلوم ہو رہا ہے کہ اسلامی بیانیہ تیزی سے رجعت پسندی کی جانب گامزن ہے۔ تحریکوں کے اندر سیاسی حمایت حاصل کرنے کے معاملے پر اختلافات پیدا ہو چکے ہیں۔

گزشتہ پانچ سالوں میں کئی ایسے واقعات ہوئے جنھوں نے شناخت کے اس بحران کو بڑھاوا دیا ہے۔ 2011۔12 کے بعد، جب سے عرب دنیا میں سیاسی بیداری آئی تب سے مصر، تیونس، یمن، بحرین، مراکش اور لیبیا میں اسلامی بیانیہ کئی شکلیں بدل چکا ہے۔ یہاں اصلاحات کی حامی ایسی جماعتیں بھی تھیں جو اپنا اثر ورسوخ رکھتی تھیں جنھوں نے حکومت سازی میں کردار ادا کیا۔ اس دوران اسلامی تحریکوں میں جاں گسل دور بھی آیا جب انھوں نے تنظیمی اور نظریاتی سطح پر اپنی اپنی تشکیل نو کی تاکہ وہ خود کو حکومت کرنے کے قابل ثابت کرسکیں۔ آگے چل کر جیسے جیسے سیاسی بیداری کی تحریکیں ناکامی سے دوچار ہوئیں تو اس سے اسلامی تحریکوں کو موقع مل گیا کہ وہ حالات سے فائدہ اٹھائیں اور ایسے اقدامات کریں جس سے ان کے اقتدار میں آنے کی راہ ہموار ہوسکے۔ شام، لیبیا اور یمن میں جاری خانہ جنگی نے سیاسی عزائم رکھنے والے پرتشدد جہادی گروہوں کو مضبوط کیا اور قومی دھارے میں شامل اسلامی جماعتوں کے کرادر پر منفی اثرات مرتب کیے جو کہ سیاسی طور پر اپنے مقاصد کے حصول کے لیے سرگرداں تھیں۔ اس آگ میں مزید تیل خلیجی ممالک اور ایران نے ڈالا جہاں انھوں نے مسلکی بنیادوں پر اپنے اپنے کارندوں کو اس جنگ میں جھونک دیا جس سے اس تنازعہ نے مزید شدت اختیار کرنے کے ساتھ ساتھ اسلامی بیانیے کو بھی ایک ایسی شکل دی جہاں مسلمان ہی ایک دوسرے کے دشمن ٹھہرے۔

یہاں پر میں مشرق وسطیٰ میں ہونے والی حالیہ سیاسی پیش رفت کے حوالے سے ان چار عوامل کی نشاندہی کرنا چاہتا ہوں جن کی وجہ سے اسلامی تحریکوں پر اندرونی طور پر اور دنیا بھر میں شدید دباؤ آیا، جنھوں نے اسلامی سیاسی تحریکوں کو تیزی کے ساتھ پارہ پارہ کردیا۔

نمبر (1) جمہوریت گریز رویے

نمبر (2) تشدد پر اکسانا یا جہاد کی ترغیب دینا

نمبر (3) ریاستی پشت پناہی سے مسلکی دراندازیاں

نمبر (4) تحریکوں کے اندکی شکست وریخت

جس وجہ سے اسلامی سیاسی تحریکوں کی بیانیے پر گرفت کمزور پڑ گئی، اس کے اثرات بہت دیرپا ہوئے ۔جس سے ایک ایسے نظریاتی بیانیے کی تشکیل ہوئی جو بہت زیادہ اشتعال انگیز تھا، یہ ان اسلامی ممالک کی سلامتی اور سیاست کے لیے ایک بڑا چیلنج ثابت ہوئی جہاں اسلامی جماعتیں مقبول ہورہی تھیں۔ میں ان چاروں چیلنجوں کا جائزہ لیتا ہوں جو قومی دھارے کی اسلامی جماعتوں کو درپیش ہیں۔

جمہوریت گریز رویے

وہ ممالک جو حالیہ سالوں میں سیاسی تبدیلیوں کی زد میں ہیں وہاں اسلامی تحریکوں نے تیزی کے ساتھ اپنا بیانیہ بھی بدلا ہے۔ اس میں سب سے یکساں بیانیہ وہاں کی حکومت یا اشرافیہ پر اس کی نااہلیوں، بدعنوانی اور روا

رکھے جانے والے امتیازات کی وجہ سے اس پر تنقید کرتے ہوئے یہ ثابت کرنا ہے کہ ان کی تحریک کیسے ان مسائل کا حل دے سکتی ہے۔ مگر جلد ہی اس بیانیے کے غبارے سے بھی ہوا نکل گئی۔ اس کی وجہ وہاں کے سیاسی حالات بھی تھے اور ان تحریکوں کی داخلی صورتحال بھی تھی جو قومی امنگوں کی ترجمانی کرنے کے اہل نہ تھی۔ اس صورتحال نے ان تحریکوں کو ایسے مقام پر لا کھڑا کیا جہاں وہ جمہوریت گریز رویوں کی جانب گامزن ہوگئیں۔ ان تحریکوں کا بیانیہ حکومتی اداروں کے لیے باعث تشویش تھا مگر اپنے حالات میں حقیقت پسندانہ تھا گو کہ اس کی نظریاتی بنیادیں خاصی کمزور تھیں۔ مصر میں اخوان المسلمین کے بیانیے میں اس لیے تیزی کے ساتھ تبدیلی ہوئی کیونکہ سیاسی طور پر اسے کامیابی مل گئی تھی مگر بعد میں اسے سیاسی نظام سے ہی بے دخل کر دیا گیا۔ اس لیے ردعمل کے طور پر یہ خاص نظریے پر کاربند ہوگئی کیونکہ وہ حکومتی جبر کی زد میں تھی۔ بنگلہ دیش میں جماعت اسلامی کے ساتھ بھی ایسا ہی ہوا جہاں حکومتی جبر کے خلاف اس نے قومی سیاسی جماعتوں کے ساتھ اتحاد قائم کر لیا کیونکہ حکومت ان کے رہنماؤں کو گرفتار کر کے انھیں پھانسیاں دے رہی تھی۔

نظریاتی کم اور حقیقت پسندانہ طور پر زیادہ موثر بیانیے کی ایک بڑی مثال تیونس کی انہفہ جماعت ہے، اس کا بیانیہ حکومت پر تنقید سے ہٹ کر تعمیری بن گیا کیونکہ اگر وہ ایسا نہ کرتی تو وہ سیاسی مفادات حاصل نہ کر پاتی۔ اردن میں اسلامک ایکشن فرنٹ کو بھی ایسی ہی صورتحال کا سامنا کرنا پڑا کیونکہ اس کے ہمسائے میں شام خانہ جنگی کا شکار ہو چکا تھا۔ اسلامی تحریکوں کے بیانیے میں ہونے والی یہ تبدیلیاں ان تحریکوں کے اندر ہونے والی تبدیلیوں کا بھی اظہار تھیں جو اس بنیاد پر ہوئی تھیں کہ بدلتے ہوئے حالات میں انھیں بھی اپنی حکمت عملی بدلنی چاہیے۔ مگر اس کے باوجود انھیں عوامی پذیرائی نہیں مل سکی کیونکہ لوگ یہ سمجھتے تھے کہ ان کے رویے جمہوریت گریزی پر مبنی ہیں۔ اس سے ان حلقوں میں کنفیوژن بڑھی جہاں یہ تحریکیں خود کو مضبوط سمجھتی تھیں۔

پرتشدد جہاد

اگرچہ قومی دھارے میں شامل اسلامی سیاسی جماعتوں کو جہاد کے بارے میں عمومی تاثر سے خطرہ محسوس ہوا ہے اور یہ تاثر 2013ء کے بعد عالمی سطح پر ہونے والی جہادی سرگرمیوں کے نتیجے میں پیدا ہوا جس سے غیر متشدد اسلامی گروہوں کو بھی مشکلات درپیش ہیں کہ وہ کیسے اپنے بیانیے کو آگے لے کر چلیں۔ دولت اسلامیہ کی جانب سے خلافت کا اعلان، عالمی سطح پر اس کی حمایت میں اضافہ اور تشدد پر اکسانے جیسے امور کی وجہ سے اسلامی تحریکیں جس دباؤ میں ہیں، وہ اس سے پہلے دیکھنے میں نہیں آیا۔ عوامی سطح پر تشدد کا جو پرچار القائدہ، بوکوحرام اور الشباب نے کیا اس سے اسلام کا پرتشدد چہرہ سامنے آیا۔ آمروں اور سیاسی مخالفین کی ہمیشہ یہ دلچسپی رہی کہ وہ کوئی ایسا جواز پیدا کریں جس سے غیر متشدد اسلامی گروہ تشدد پر اتریں جس سے ان کی بدنامی ہو۔ قومی دھارے میں شامل یہ گروہ اپنی زیادہ توانائیاں اس بات پر صرف کرتے رہے کہ وہ خود کو عسکریت پسند گروہوں سے علیحدہ ثابت

43
ثقافتی مزاحمت اور معاشرہ

کر سکیں۔ یہ بھی ایک وجہ تھی جس کی وجہ سے قومی دھارے میں شامل مذہبی جماعتیں اپنے بیانیے پر مکمل گرفت برقرار نہیں رکھ سکیں۔ چنانچہ وہ توانائیاں جو انھیں عوام تک اپنا مثبت پیغام پہنچانے میں صرف کرنی تھیں، وہ محض اس بات پر صرف ہوتی رہیں کہ پرتشدد حملے قابل مذمت ہیں۔ مثال کے طور پر تیونس کی اسلامی جماعت نہضہ کے 2015ء کے بعد زیادہ تر بیانات اس بات کے اردگرد گھومتے تھے جن میں پرتشدد حملوں کی مذمت کی گئی تھی بجائے اس کے وہ اپنی فکر و فلسفہ کے بارے میں عوام کو بتاتے۔ یہی صورتحال اخوان المسلمین کو اس وقت درپیش ہوئی جب سینا میں جہادی حملوں کی خطرناک لہر آمجس کی وجہ سے غیر متشدد جماعتوں کے بارے میں وہی تاثر پیدا ہوا جو متشدد جماعتوں کے بارے میں تھا۔ چنانچہ حکومتوں نے پرتشدد اور غیر متشدد دونوں جماعتوں کے ساتھ مذاکرات میں ایک ہی طرح کا رویہ اختیار کیا۔

فرقہ واریت کی جانب

2011ء میں شروع ہونے والی شام کی خانہ جنگی بھی اسلام پسندوں کے لیے مشکل دور ثابت ہوئی کیونکہ اس سے پرتشدد جہادی چہرہ سامنے آیا۔ یہ علاقہ عربوں اور ایران کے درمیان شیعہ سنی جنگ کی شکل اختیار کر گیا۔ ان بیانیوں کے پیچھے عرب بادشاہوں اور ایران کی بھرپور سیاسی اور معاشی حمایت تھی۔ شیعوں اور سنیوں کے مابین جو اختلاف صدیوں سے چلا آ رہا ہے اس میں ٹھہراؤ آ سکتا تھا مگر موجودہ حالات میں یہ اور بھی زیادہ ابھر کر سامنے آیا ہے۔ اس کی توجیہہ مذہبی سے زیادہ سیاسی ہے۔ مشرق وسطیٰ میں جاری شیعہ سنی تنازعہ کی سیاسی توجیہہ کی وجہ سے اسلامی گروہوں کو فکری دلائل بھی میسر کر دیے گئے۔ عراق اور لبنان میں شیعہ ملیشیا عراق اور شام میں سنی ملیشیا کے ساتھ برسرپیکار ہے جبکہ دولت اسلامیہ کی فکر بھی شیعہ مخالف ہے۔ سعودی عرب کو بھی اپنے ملک میں شیعہ اقلیت کی جانب سے چیلنجوں کا سامنا ہے۔ کچھ عرصہ قبل ہی وہاں پر ایک معروف شیعہ رہنما کو پھانسی دے دی گئی تھی جس کی وجہ عالمی سطح پر شیعوں نے کافی احتجاج کیا تھا۔ بحرین میں سنی حکومت نے شیعوں کی الوفاق پارٹی کے خلاف اقدامات کیے جسے ایران کی مدد حاصل ہے۔ یہی کچھ یمنی حکومت نے حوثی باغیوں کے ساتھ کیا۔ سعودی ایران سرد جنگ کی وجہ سے ہی شام اور یمن خانہ جنگی کا شکار ہو کر تباہی کے دہانے پر پہنچ چکے ہیں۔ ان دونوں ریاستوں کے انہدام کی وجہ سے ہی اسلامی عسکریت پسندی کا پھیلاؤ ہوا ہے جو اب فرقہ واریت کی شکل اختیار کر چکی ہے۔ یہی صورتحال لبنان میں ہے جہاں سیاسی تنازعہ، فرقہ وارانہ تنازعہ میں تبدیل ہو گیا اور اب یہ رجحان ایک وبا کی صورت میں پاکستانی سیاست پر بھی اپنے اثرات مرتب کر رہا ہے جس کی نذر ہزاروں شہری ہو چکے ہیں۔ اگرچہ فرقہ واریت کی نئی شکل اسلامی عسکریت پسندی سے سامنے آئی ہے اور اس نے ان ممالک کی غیر متشدد اسلامی تحریکوں پر اپنے اثرات مرتب کیے جہاں پر مسلکی تفریق پہلے سے موجود تھی، جن میں عراق، بحرین اور یمن شامل ہیں۔ عراق کی جماعتی سیاست ایک عرصے تک سنی سیاست کے زیر اثر رہی جس نے ریاست کو تباہی کے

دبانے پر پہنچایا۔ یہی حال بحرین کا ہے جہاں کی سنی حکومت نے شیعہ اکثریت کو سیاست سے باہر رکھنے کی کوشش کی۔ یمن کی سنی اصلاح پارٹی جس نے سیاسی تبدیلی کے دوران اہم مقام حاصل کرلیا تھا، وہ زیدیوں کے خلاف مسلکی تنازعہ کا شکار ہوگئی جس سے بالآخر پورا نظام ہی دھڑام سے گر گیا۔ اس مسلکی رجحان کا شکار صف اوّل کی تمام اسلامی جماعتیں ہیں جن کی مجموعی ساکھ متاثر ہوئی ہے اور اب یہ اس مقام پر کھڑی ہیں جہاں یہ سیاسی تبدیلی کے لیے اپنے بیانیے سے دور ہو رہی ہیں کیونکہ انھیں اپنے اندر عسکریت پسندی کے رجحان کا خطرہ ہے۔

اندرونی خطرہ

ہم نے جن تین خطرات کا مندرجہ بالا سطور میں جائزہ لیا جنھوں نے اسلامی تحریکوں کے بیانیے کو بری طرح متاثر کیا ہے لیکن اس کے ساتھ ساتھ یہ ان کی قیادت کی بھی ناکامی ہے کہ ان کی جماعتیں اندرونی طور پر تفریق کا شکار ہو چکی ہیں۔ کامیاب اسلامی تحریکیں جن میں مصر کی اخوان المسلمین، پاکستان کی جماعت اسلامی یا الجیریا کی (FIS Front Islamique du Salud) نے بیرونی دنیا کے اثرات بخوشی قبول کرتے ہوئے سیاسی بیانیہ تخلیق کیا۔ مگر اس جاری دباؤ کی وجہ سے ان اسلامی تحریکوں کی فکری اور نظریاتی سرحدیں کمزور ہوگئیں اور ان کی توجہ بٹ گئی۔ جو بیانیہ ان کے لیے درست ثابت ہوسکتا تھا، وہ معاملے کی شدت کی نذر ہوگیا۔

حکومتوں کی جانب سے اسلامی تحریکوں کو دبانے کے عمل کی وجہ سے جیسا کہ حال ہی میں مصر، بحرین اور بنگلہ دیش میں دیکھا گیا ہے جہاں پر غیر متشدد اسلامی تحریکوں کو بھی مجبور کیا گیا کہ وہ صرف ویسی سیاست کریں جس کی اجازت حکومت دیتی ہے۔ جہاں پر اسلامی تحریکیں تیزی کے ساتھ اپنا اثر کھو رہی تھیں وہاں اس مسئلے پر کافی اختلاف تھے کہ اس کا کیا جواب دیا جائے۔ آگے بڑھ کر جارحانہ حکمت عملی اختیار کی جائے یا پھر خاموش رہا جائے۔ تقسیم رائے کی وجہ سے بھی ان تحریکوں کی نظریاتی اساس متاثر ہوئی۔ آمریت اور مسلسل غیر یقینی حالات کی کوکھ سے پر تشدد جہاد کو فروغ ملا، یہی حالات اسلامی تحریکوں میں فرقہ وارانہ سیاست کی ترویج کا سبب بھی بنے۔ دراصل یہ تحریکیں ایک نئے دور میں داخل ہو رہی ہیں۔ شاید یہ دور صف اوّل کی اسلامی تحریکوں کے لیے کوئی اچھا پیغام نہ لے کر آئے کیونکہ اسلامک فریم ورک کے اندر رہتے ہوئے جمہوری طریقے سے وہ کتنی تبدیلی لا سکتی ہیں؟ اس سوال کا جواب ان کے لیے حقیقی چیلنج بن چکا ہے۔ یہ وہ شناخت کا بحران ہے جس سے گزر کر اسلامی تحریکوں نے نہ صرف خود کو پہچاننا ہے بلکہ یہ بھی بتانا ہے کہ وہ کیا کرسکتی ہیں۔ بیانیہ ان تحریکوں کے لیے اس لیے بھی اہم ہے کہ اس سے ان کی سیاسی اساس کا پتہ چلتا ہے اس کے بغیر وہ اپنے سماجی اور سیاسی اہداف حاصل نہیں کر سکتیں۔ اسلامی دنیا میں بالعموم اور مشرق وسطیٰ میں بالخصوص اسلامی تحریکیں اپنی حیثیت کھو رہی ہیں اور اگر وہ مستقبل میں حالات کے مطابق نہ بدلیں تو ان کا مستقبل سوالیہ نشان بن جائے گا۔ انھیں اپنا بیانیہ اخذ کرنا پڑے گا، اپنے بااصول رہنماؤں کو اس جانب راغب کرنا پڑے گا کہ وہ تشدد، انسانی حقوق، اور دوسری اسلامی تحریکوں

اور مسالک کے ساتھ تعلق ، معاشرے میں مذہب کے کردار اور ریاست کی عملداری پر اپنی پوزیشن واضح کریں۔ ماضی میں یہ تحریکیں ان مسائل پر الگ مؤقف رکھ سکتی تھیں مگر اب ایسا نہیں ہے۔ کیونکہ حالیہ دنوں میں جو بیانیہ دولت اسلامیہ لے کر آئی ہے وہ قطعی مختلف ہے۔ اگرچہ اسلامی تحریکیں اس بیانیے کے ساتھ نہیں ہیں، اس لیے انھیں یہ ثابت بھی کرنا ہے کہ ان کا نقطۂ نظر کیا ہے اور وہ کیا اقدامات کریں گی اگر انھوں نے سیاسی حمایت سے اقتدار حاصل کر لیا۔

[بشکریہ 'تجزیات آن لائن'، 10 اپریل 2015]

پاکستان میں اقلیتوں کی حالت زار

رازشتہ ستھنا

تلخیص وترجمہ: سجاد اظہر

اقلیت اور اکثیریت کا تصور آج کی جدید ریاست کے لیے زیر قاتل سمجھا جاتا ہے تاہم قدامت پسند ریاستوں میں یہ تقسیم آج بھی موجود ہے۔ پاکستان ان ریاستوں میں ہے جہاں مذہبی تحریکیں زیادہ توانا آواز کے ساتھ سامنے آرہی ہیں اور وہ ہر مسئلے کی توجیہہ اپنے انداز سے کرتی ہیں۔ اس پس منظر نے پاکستان میں اقلیتوں کی حالت کو قابل رحم بنا دیا ہے۔ زیر نظر تحقیقی مضمون، جہاں اس سارے منظر نامے اور اس کے مختلف پہلوؤں کو واضح کرتا ہے وہاں ہمیں یہ سوچنے کی ترغیب بھی دیتا ہے کہ ہم مذہبی تفریق کی بنا پر اپنے جیسے انسانوں کے ساتھ کیسا مساویانہ سلوک روا رکھے ہوئے ہیں۔ اس مضمون میں پاک انسٹی ٹیوٹ فار پیس سٹڈیز کے 2014 میں اقلیتوں کی حالت کا جائزہ لینے کے لیے کیے گئے ایک شماریے کا حوالہ بھی ہے جو اس موضوع کو سمجھنے میں مدد دیتا ہے ۔ پاکستان میں اقلیتوں کے حقوق کی بحث نئی نہیں ہے مگر ملک بھر میں جاری شدت پسندی کی لہر میں اب یہ مسئلہ ایک نئی صورت میں سامنے آیا ہے۔ اقلیتوں کے لیے جگہ روز بروز سکڑ رہی ہے ۔ بانئ پاکستان محمد علی جناح نے 11 اگست 1947 کو پاکستان کی پہلی دستور ساز اسمبلی سے خطاب کرتے ہوئے کہا تھا کہ ''مذہب ذاتی معاملہ ہے اور ریاست کا اس سے کوئی تعلق نہیں ہے'' مگر آج ایسے لگتا ہے کہ ہم خود تو مسلمان نہیں ہو سکے مگر ریاست کو کلمہ پڑھانے کی جستجو میں ضرور رہتے ہیں جس کی بنا پر رازشتہ ستھنا یہ لکھنے پر مجبور ہیں کہ اقلیتوں کے خلاف ریاست بھی شریک کار رہے ۔ رازشتہ سیتھنا پاکستان کی ایک معتبر صحافی ہیں۔ ان کے مضامین انگریزی میڈیا میں تواتر کے ساتھ آتے رہتے ہیں۔

مذہبی آزادی، انسان کا بنیادی حق ہے۔کسی قوم کی معیشت اور اس کی سالمیت کے لیے جزو لاینفک، جس سے اس قوم کی مجموعی حیثیت کا اندازہ کیا جاسکتا ہے۔تمام مذہبی گروہوں کے لیے مذہبی آزادی کا مطلب ہے کہ مذہبی اقلیتیں، ایسی تنظیموں اور افراد سے بلاخوف وخطر اپنے عقیدے کی پاسداری کرسکیں جو ان کے عقیدے سے متفق نہیں ہیں۔مذہبی آزادیوں کا تصوران ممالک میں اورزیادہ اہمیت اختیار کر جاتا ہے جہاں مختلف عقائداورفرقوں سے منسلک افرادایک جگہ رہتے تو ہوں مگر وہاں پر عدم برداشت عام ہواورشدت پسندی ایک بڑے تنازعہ کی صورت اختیار کرچکی ہو۔پاکستان میں مذہبی آزادیوں کا فقدان اور معاشرے میں بڑھتی ہوئی شدت پسندی ساتھ ساتھ چل رہی ہیں۔جب حکومت عوام کی جان و مال کی حفاظت سے بری الذمہ ہوجاتی ہے تو مذہبی آزادیوں پر بھی قدغن لگ جاتی ہے۔قانون کے غلط استعمال (وہ قوانین جن کا تعلق توہین رسالت سے ہے) کا راستہ ہموار ہوجاتا ہے۔اقلیتیں نہ صرف اس کا براہ راست ہدف بنتی ہیں بلکہ معاشرے کے کئی اور گروہ بھی خطرے سے دوچار ہوجاتے ہیں۔نتیجے کے طور پر شدت پسندی پھلتی پھولتی ہے اور تشدد پھیلانے والوں کو اور زیادہ شہ مل جاتی ہے۔

2013 میں پاکستان میں دو منتخب حکومتوں کے مابین انتقال اقتدار کا بے مثال مظاہرہ دیکھا گیا جسے پاکستان کی سیاسی روایت میں ایک اہم سنگِ میل قرار دیا گیا۔جس سے اس بات کا امکان پیدا ہوگیا کہ اب نہ صرف استحکام پیدا ہوگا بلکہ قومی مسائل پر سیاسی قوتوں کے مابین یکجہتی پیدا ہوگی بالخصوص وہ اندرونی قضیے جن کا تعلق فرقہ واریت اور مذہبی اقلیتوں کے خلاف حملوں سے ہے، وہ فوری توجہ حاصل کرسکیں گے۔مذہبی کشیدگی کے خاتمے کے لیے ریاست کی جانب سے کوئی جامع حکمت عملی لائی جائے گی جس سے مذہبی رہنماؤں کے درمیان بین المذاہب مکالمے کوفروغ دیا جائے گا کیونکہ دیکھا گیا ہے کہ مقامی سطح پر ایک دوسرے پر عدم اعتماد اور عدم برداشت کی وجہ سے ایک معمولی سے چنگاری ایک بڑے فساد کا باعث بن جاتی ہے۔اگر ہم فرقہ واریت کا تہہ درتہہ مشاہدہ کریں تو معلوم ہوتا ہے کہ مذہبی اور فرقہ وارانہ عدم برداشت نے انسانی حقوق اور جمہوری اقدار کو تہہ و بالا کر دیا ہے جس کے بعد اس جانب حکومتی توجہ کی ضرورت تھی تاکہ وہ اس مسئلے کے ازالے کے لیے نہ صرف وسائل مہیا کرے بلکہ سرکاری مشنری اور موثر انٹیلی جنس کے ذریعے دائیں بازو کے شدت پسندوں کو جو دہشت گردی میں ملوث ہیں، ان کو انصاف کے کٹہرے میں لایا جائے لیکن افسوس ابھی تک ایسا نہیں ہوسکا۔اقلیتی کمیونٹی پر یا ان کی عبادت گاہوں پر کسی بھی حملے کے بعد حکومتی یقین دہانیاں اب صرف اس حد تک ہیں کہ حکومت سے وابستہ کوئی شخصیت جائے وقوعہ کا دورہ کرے، حملے کی مذمت کرے اور تحقیقات کا وعدہ کرے۔پاکستان میں سماجی کارکنوں اور عالمی نگرانوں کو اب اس بات کا یقین ہو چلا ہے کہ اقلیتوں کو پولیس تحفظ اور قانونی مدد فراہم نہیں کرسکتی۔نفرت کے سوداگروں سے نہ کبھی باز پرس ہوئی نہ ہی سزا ملی۔2013 کے دوران پیو کے ایک تحقیقاتی سروے میں 57 فیصد پاکستانیوں نے مذہبی تنازعہ کو قومی مسئلہ قرار دیا۔

ولی نصر کہتے ہیں ''فرقہ واریت مسلم دنیا کا بشمول مشرق وسطیٰ سب سے بڑا مسئلہ ہے۔ یہ مسلمانوں کی چودہ سو سالہ تاریخ میں شیعہ اور سنی فرقوں کے درمیان سب سے قدیم تنازعہ ہے جو اسلامی تاریخ اور شرعی فکر و فلسفہ کی اپنی اپنی توجیہہ پیش کرتے ہیں۔ شاید جداگانہ رائے کی مذہب میں کوئی گنجائش ہی نہیں بنتی۔ مذہب کے تناظر میں شیعہ سنی تفرقے کو سمجھنا آسان نہیں لیکن اگر آپ اس کو سیاسی طرز سے دیکھیں تو اس کی سیاسی و سماجی وجوہات بھی ہیں۔'' ولی نصر دعویٰ کرتا ہے کہ 2003 کی عراق جنگ نے ایرانی اور سعودی دشمنی آشکار کر دی ہے جس کا خیال ہے کہ مشرق وسطیٰ میں عرب شیعہ طاقت جس کے پاس تیل کی دولت بھی ہے، وہ ایک آزاد نجف (جو شیعوں کے نزدیک تیسرا سب سے متبرک مقام ہے اور عراق کی شیعہ آبادی کا مرکز بھی ہے) سے بھی زیادہ خطرناک ہوسکتی ہے۔ ولی نصر کے تجزیے کے مطابق پاکستان میں شیعوں کی آبادی 30 فیصد ہے جو کہ دنیا بھر میں شیعوں کی دوسری بڑی آبادی ہے۔ نصر کا کہنا کہ پاکستان میں لچک کی روایت ایسے ہی ہے جیسے کہ کسی کوئلے کی کان میں پھولوں کی بیل کا تصور کیا جائے۔

1977 کے بعد پاکستان نے ریاستی سطح پر سنی اسلام کا پرچار کیا جس سے مذہبی اقلیتوں میں عدم تحفظ پیدا ہوا کیونکہ انھیں ان کے فرقے اور نسل کی بنیاد پر نشانہ بنایا جانے لگا۔ جب ایک کثیر نسلی اور مذہبی معاشرے میں مذہب کا غلط استعمال ہوتا ہے تو معاشرے کے طبقات میں ایک طرح کا زہر پھیل جاتا ہے۔ اس زہر افشانی کی کئی وجوہات ہوسکتی ہیں جن میں سیاسی قوتوں کا وہ کھیل بھی شامل ہے جو اس پردے میں اپنے لیے نظریاتی اور جغرافیائی سطح پر جگہ بنانا چاہتی ہیں تاکہ وہ اپنے سیاسی اہداف حاصل کرسکیں۔ سنی مسلمان جو کہ اکثریت میں ہیں ان میں انتہا پسندی ایک خطرناک ہتھیار کی صورت میں سامنے آئی جو معاشرے، ثقافت، سماجی اداروں حتیٰ کہ ریاست کی حیثیت کو بھی اپنے ڈاکٹرائن کے مطابق ڈھالنا چاہتے ہیں۔

Peoples Under Threat 2013 نامی رپورٹ میں ایک مستند شماریے کے مطابق جسے Minority Rights Group International نے مرتب کیا ہے، پاکستان، شام، یمن اور مصر ان ممالک میں سرفہرست ہیں جہاں پر مذہبی اقلیتیں خطرے سے دوچار ہیں۔ دس میں سے آٹھ ریاستیں اس فہرست میں ایسی ہیں جو اس حوالے سے سب سے زیادہ خطرناک ہو چکی ہیں جہاں موجودہ یا گذشتہ ایک دہائی سے جاری بیرونی فوجی مداخلت ہو رہی ہے۔ رپورٹ کے مطابق جن ریاستوں میں لوگوں کی زندگیاں داؤ پر ہیں، وہاں بیرونی فوجی مداخلت معمول بن چکی ہے لیکن عام افراد پر اس کے اثرات کا اندازہ لگانا بہت مشکل ہے۔ پاکستان کی ہی مثال لے لیں جہاں ایک طرف 2013 کے عام انتخابات میں پہلی بار ایک جمہوری حکومت نے اقتدار ایک دوسری جمہوری حکومت کے سپرد کیا جسے پاکستان کی تاریخ میں ایک اہم سنگ میل قرار دیا گیا تو دوسری جانب ایسی سیاسی قوتیں اور مذہبی گروہ بھی تھے جو کہ پاکستان کے دہشت گردی کے خلاف جنگ میں کردار، امریکہ کے ساتھ اس کے تعلقات اور ڈرون حملوں کے بارے اپنی شدید ناراضگی کا اظہار کرتے چلے آرہے تھے۔ عدم تحفظ اور دہشت

گردی کے اس پس منظر میں پاکستان نے جان بوجھ کر اپنے گھر میں پروان چڑھنے والے مذہبی انتہا پسندوں کے بارے میں آنکھیں بند کیے رکھیں جو کہ اس داخلی سلامتی اور معاشی ترقی کی راہ میں مسلسل خطرہ بنتے جا رہے تھے۔ پاکستان نے افغان سرحد کے ساتھ ایسے گروہوں کو منظم ہونے اور انھیں ڈیورنڈ لائن کے اس پار بیرونی افواج پر حملوں کی اجازت دی۔ اندرونی عسکری گروہ جن میں لشکر جھنگوی اور دوسرے فرقہ وارانہ انتہا پسند گروہ شامل تھے، انھوں نے شیعوں اور دوسرے مذہبی گروہوں کے خلاف بلاخوف وخطر مہم جاری رکھی۔

نواز شریف جب 2013 میں تیسری بار برسراقتدار آئے تو انھوں نے 11 اگست کو اقلیتوں کا قومی دن منانے کی روایت کا آغاز کیا۔ اگر اس کا مطلب برداشت اور مساوات کا درس دیتی جمہوری اقدار کا فروغ لیا جائے جہاں اقلیتوں کو بھی دیگر شہریوں کی طرح کے مساوی حقوق دستیاب ہوں تو اس بات کا سختی سے اعادہ کرنا ہوگا کہ غیر مسلموں کو درپیش دھمکیوں اور حملوں کا ہر صورت خاتمہ کیا جائے۔ کیا ان کی حالت اس کے مطابق ہے جس کا تقاضا انسانیت کرتی ہے۔ ایک تلخ حقیقت کا ادراک کہ جس کی وجہ سے معاشرے میں ان کے خلاف نفرت، تشدد اور عدم برداشت بڑھتا جا رہا ہے اور وہ اس وجہ سے ملک چھوڑنے پر مجبور ہو رہے ہیں۔ نا مساعد معاشی حالات، سیاسی تفریق، کمزور قوانین اور حکومتی عدم توجہی یہ سب عوامل ان کے مصائب میں اضافہ کر رہے ہیں۔ اس امتیازی سلوک اور پسماندگی کو اس وقت ہوا دی گئی جب معاشرے میں شدت پسندی غالب آنے لگی اور ایک جبر کے تحت ان کو نشانہ بنایا جانے لگا۔ یہ نہ صرف انفرادی بلکہ اجتماعی سطح پر غیر مسلموں کے لیے ایک واضح پیغام تھا۔ مذہب کے کردار کو اس حد تک سیاسی بنا دیا گیا کہ غیر مسلموں کی حالت اور ان کا تحفظ سوالیہ نشان بن کر رہ گیا۔ یہ ساری صورتحال شدید اندرونی خلفشار اور فرقہ وارانہ تشدد پر منتج ہوئی۔

پاکستان کی اٹھارہ کروڑ تیس لاکھ کی آبادی میں سے 90 لاکھ اقلیتوں پر مشتمل ہے۔ عیسائی اور ہندو کل آبادی کا دو فیصد اور اقلیتوں میں سب سے بڑا گروہ ہیں۔ جبکہ باقی میں سکھ، زرتشت، بہائی، بدھ مت، یہودی اور احمدی شامل ہیں۔ یہ بات اب بہت واضح ہے کہ سیکورٹی کی مجموعی صورتحال میں ایک عام شہری کے تحفظ کا تصور خطرے سے دو چار ہے کیونکہ نواز حکومت سیاسی معاملات میں الجھ کر رہ گئی ہے اور عسکری گروہوں کو دوبارہ منظم ہونے کا موقع مل گیا جہاں پہلے ہی شدت پسندی اپنی مضبوط جڑوں کے ساتھ موجود تھی۔ پاکستانی اقلیتوں پر خطرے کی تلوار لٹک رہی ہے۔ غیر مسلموں اور ان کی نئی نسلوں کو درپیش خطرات ماضی کی نسبت کہیں زیادہ ہیں ایک خوف انھیں مسلسل گھیرے ہوئے ہے۔

پاکستان میں اقلیتی برادری سے ہونے کا دراصل مطلب کیا ہے؟ ایک رپورٹ دراصل ان سیاسی اور سماجی عوامل کا جائزہ لیتی ہے جو چیلنج بن کر پاکستان کی اقلیتوں کے بڑے گروہوں جن میں عیسائی، ہندو اور سکھ شامل ہیں کو درپیش ہیں۔ یہ رپورٹ پاک انسٹی ٹیوٹ فار پیس اسٹڈیز نے 2014 میں مرتب کی جو ملک بھر سے سروے رپورٹوں کی روشنی میں سامنے آنے والے حقائق پر مبنی ہے۔ یہ رپورٹ چاروں صوبوں پنجاب، خیبر پی کے، سندھ

اور بلوچستان سے 327 انٹرویوز پر مشتمل ہے۔ سروے میں اقلیتوں سے تعلق رکھنے والے گروہوں کو ان کی تعلیمی اور مذہبی وابستگی کی بنیاد پر تقسیم کیا گیا ہے۔ سروے میں یہ نتائج سامنے آئے کہ حکومت کی عدم توجہی اور غیر مساویانہ رویے بھی ان مسائل کو شدید تر کر رہے ہیں۔ پاکستان کے سماجی اور ثقافتی دھارے میں سے الگ تھلگ کر کے دراصل معاشی ترقی اور سیاسی نظام میں ان کے متحرک کردار کے امکانات کو محدود کر دیا گیا ہے۔

قومی دھارے میں جب سے انتہا پسندانہ خیالات کو رواج ملا ہے تب سے اقلیتوں کو توہین رسالت کے قانون سے مسلسل خطرہ محسوس ہونے لگا ہے۔ گزشتہ برس توہین رسالت کے الزامات پر مبنی مقدمے ریکارڈ سطح پر سامنے آئے جس کا نتیجہ یہ نکلا کہ تقریباً پانچ سو خاندان ملک چھوڑ کر جانے پر مجبور ہو گئے۔ نوجوان بچے حتیٰ کہ معذور افراد کو بھی اپنے الفاظ اور ایک خاص مذہب سے وابستگی کی سزا ملتی ہے، جبکہ ان کے مخالفین کو سیاسی مدد بھی حاصل ہوتی ہے جو ان مظلوم اور بے آسرا لوگوں پر ظلم ڈھاتے ہیں۔

پاکستان میں اقلیت سے ہونے کا مطلب کیا ہے؟

تاریخ دان جیمز مل جب 1818 میں The History of British India نامی کتاب لکھ رہا تھا تو اس نے تاریخ کو تین الگ الگ مرحلوں ہندو، مسلمان اور انگریز میں رقم کیا۔ حالانکہ تب بین المذاہب تفرقے کی بات مسلمانوں، ہندوؤں یا عیسائیوں کی جانب سے روایت میں شامل نہیں تھی۔ تاریخی طور پر مسلم معاشروں میں اقلیت کا تصور مسلمانوں سے ان کی جداگانہ شناخت مثلاً ثقافت، زبان، مذہب، ادب، استعارے یا فرقے کی وجہ سے تھا نہ کہ اس کی وجہ سیاسی تھی۔ لیکن حالیہ ادوار میں آنے والی جغرافیائی اور سماجی تبدیلیوں کی وجہ سے اقلیتوں کی مذہبی شناخت کو بھی سیاست کی نذر کر دیا گیا ہے۔ پیچیدہ تاریخی تناظر اور سماجی عناصر نے مل کر پاکستان میں مذہب اور سیاست کا ایک مختلف گٹھ جوڑ بنا لیا ہے۔ 1947 میں مسلمانوں کے لیے الگ وطن کے حصول کی جدوجہد میں مذہب کو مرکزیت حاصل تھی اور تقسیم سے لے کر اب تک یہ حیثیت برقرار ہے۔ مذہبی شناخت اور اس کی حیثیت پہلے کوئی معنی نہیں رکھتی تھی مگر پھر دنیاوی، علاقے، زبان، معاشی اور فرقوں کے تناظر میں یہ شناخت اہمیت اختیار کرتی چلی گئی۔ ریاست اور مذہب کا آپس میں تعلق پیچیدہ بھی ہے اور مبہم بھی۔ قومی سیاسی جماعتیں، مذہبی رہنما، فوجی اور دوسرے اسٹیک ہولڈر اس کی اپنی اپنی توجیہات پیش کرتے ہیں جو ان کے سیاسی مفادات سے جڑی ہوئی ہیں۔ اب پاکستان نے فیصلہ کرنا ہے کہ وہ ایک آزاد اور سیکولر جمہوریت چاہتا ہے یا پھر ایک قدامت پرست اسلامی ریاست، جو اپنی اصل شناخت کو شخصی آزادیوں اور معاشی ترقی کو بالائے طاق رکھنے کی قیمت پر چھپانا چاہتی ہے۔

اکثریت کی جانب سے کچھ اقلیتی گروہوں کو غربت اور کم تر سماجی حیثیت میں رکھنے کی وجہ یہ ہے کہ وہ انھیں مساوی شہری حقوق سے محروم رکھنا چاہتے ہیں تاکہ وہ قومی سیاسی دھارے میں بھی اپنا کردار ادا نہ کر سکیں اور

ثقافتی مزاحمت اور معاشرہ

اس مقصد کے لیے ایسے امتیازی قوانین پہلے سے ہی موجود ہیں جو ان کے لیے خطرات میں مسلسل اضافہ کیے ہوئے ہیں۔ پاکستانیت کے پیرائے میں مذہب سب سے اہم ہے اور یہاں پر ہنٹنگٹن کے مقالے کا تجزیہ پوری طرح صادق آتا ہے۔ اس کے بقول 'جدید دنیا میں مذہب ایسی مرکزیت ہے جو شاید لوگوں کو اکساتا ہے، کوئی بھی تہذیب جو مذہبی روایات سے زیادہ اپنے اثرات مرتب کرتی ہے وہ عوام میں زیادہ مقبول ہوتی ہے۔ تہذیبوں کے تصادم کی وجہ مذہب ہے جس نے اس تنازعہ کو گنجلک بنا دیا ورنہ عام لوگ ایسا نہیں چاہتے۔'' وہ آگے چل کر کہتا ہے کہ مغرب کے نزدیک جو عالمگیریت کا نظریہ ہے وہ باقیوں کے نزدیک سراسر سامراجیت ہے۔ اگرچہ اس کا کچھ مثبت پہلو بھی ہے کہ جہاں مغرب نے عالمی امن اور ترقی کے لئے بھی کام کیا یا پھر مذہبی قدامت پرستی کو محدود کرنے کی کوشش کی مگر اس کی وجہ سے ان کے خلاف پرتشدد ردعمل سامنے آیا۔

پاکستان کے تاریخی تناظر میں غیر سنی گروہوں کے لیے جو منافرت چلی آرہی تھی، اس کی وجہ سے فرقہ وارانہ تشدد کو ہوا ملی، بالخصوص ضیاء الحق کی اسلامائزیشن کے بعد غیر سنیوں کے لیے زندگی مشکل بنا دی گئی اور انھیں الگ تھلگ کیا گیا۔ اگرچہ مردم شماری کے اعداد و شمار نسلوں اور مذاہب کی بوقلمی کو ظاہر کرتے ہیں تاہم یہ اب ہر کوئی جانتا ہے کہ دوسرے مذاہب کے لیے فضا تیزی سے سکڑ رہی ہے۔

کیا پاکستان کا قیام مسلمانوں اور غیر مسلمانوں دونوں کے لیے تھا یا پھر خالصتاً ایک اسلامی ریاست کا قیام تھا، یہ بات ضیاء دور میں زیادہ ابھر کر سامنے آئی جب ایسی مذہبی تنظیموں کو ریاستی آشیر باد ملی جو تشدد کا درس دیتی تھیں۔ 1980 میں دیوبندی مکتب فکر نے ایک طرف حرکت لانصار بنائی جو روس کے خلاف لڑ رہی تھی تو دوسری طرف سپاہ صحابہ پاکستان جس کا خیال ہے کہ تمام شیعہ غیر مسلم ہیں۔ 1980 میں ایسی تنظیمیں یہ مطالبہ کرنے لگیں کہ پاکستان کو نہ صرف ایک اسلامی ریاست بنایا جائے بلکہ معاشرے میں وہابی اسلام کو بھی فروغ دیا جائے۔ اب ایسے میں اقلیتوں کی جانب سے ریاست یا حکومت میں کسی مقام کی تلاش یا پھر اپنے لیے قومی سطح پر کسی کردار کی آرزو کیسے کی جاسکتی تھی۔ یہ ایک مثال ہے کہ پاکستان میں سنی اسلام اور سنی بنیاد پرستی کو کیسے فروغ دیا گیا اور اسلام کی ایسی توجیہہ پیش کی گئی جس میں لچک نہیں تھی۔ یہ وہ وقت تھا جب شیعہ اپنے جائز مطالبوں سے بھی دست بردار ہونے لگے۔

اس رپورٹ سے معلوم ہوتا ہے کہ اقلیتیں کیسے سیاسی اور سماجی سطح پر محدود ہو کر رہ گئیں اور انھیں تشدد کا نشانہ بنایا جانے لگا۔ ایمان کی بنیاد پر تشدد، ٹارگٹ کلنگ، اغوا برائے تاوان، نفرت انگیز اشتعال اب صرف غیر مسلموں تک محدود نہیں تھا بلکہ اقلیتی مسلمان فرقے جن میں شیعہ، بلوچستان میں ہزارہ کمیونٹی کو ان کے مذہبی عقائد کی بنیاد پر مسلسل نشانہ بنایا جا رہا تھا۔ ریاست کی ملی بھگت کی وجہ سے اقلیتوں پر ظلم وستم میں اضافہ ہوتا رہا اور ایسا کرنے والوں کو کبھی سزا نہیں ملی۔ اقلیتوں کے خلاف امتیازی قوانین، ان کا سماجی اور معاشی استحصال اور سیاسی تنہائی کی اپنی ایک تاریخ تھی جس کو برسر اقتدار آنے والی جمہوری اور فوجی حکومتوں نے جاری رکھا۔ توہین مذہب

کے قانون کی دہشت نے اقلیتوں کو چپ سادھنے پر مجبور کیے رکھا کیونکہ مسلمانوں سمیت ان کا کوئی بھی دشمن محض ذاتی مخاصمت کی وجہ سے انھیں اس قانون کی زد میں لاسکتا تھا۔ یہ ناموافق قوانین کا اثر تھا جس نے معاشرے کا مجموعی تاثر، تصور، فکری ونظریاتی تصورات اوراس کی روایت کو بالکل بدل کرر کھ دیا۔

بلوچستان میں شیعہ ہزارہ کی نسل کشی سے متعلق ہیومن رائٹس واچ رپورٹ 2014 یہ بات زور دے کر کہتی ہے کہ حکومت پاکستان بلوچستان میں سنی بنیاد پرست گروہوں کو روکنے اور انھیں ہزارہ اور دوسرے شیعہ گروہوں کی مزید قتل وغارت سے باز رکھنے کے لیے ضروری اقدامات کرے۔ 2008 سے شیعہ ہزارہ کے کئی سو افراد کو ٹارگٹ کر کے مارا جارہا ہے، سب سے خطرناک حملہ جنوری اور فروری 2013 میں کیے گئے جن کے نتیجے میں 180 افراد جانوں سے گئے۔ یہ بات اظہر من الشمس ہے کہ ان حملوں کی تفتیش کے لیے سول اور ملٹری فورسز نے کوئی دلچسپی نہیں دکھائی جس سے مجرموں کو اور زیادہ شہ ملی اور وہ شیعوں کی مجلسوں، ان کے مذہبی قافلوں اور ان کے گھروں کو اور زیادہ نشانہ بنانے لگے۔

جس کا نتیجہ یہ نکلا کہ ملک بھر میں نسلی اور فرقہ وارانہ اموات کا سلسلہ پھیل گیا جن میں سندھ میں نسلی فسادات، بریلوی اور دیوبندیوں کے عسکری گروہوں کے درمیان فرقہ وارانہ جھڑپیں، سرگرم بلوچوں کے خلاف جبر وتشدد، عیسائیوں اور احمدیوں کے خلاف مہم، لشکر جھنگوی، سپاہ صحابہ اور طالبان کی جانب سے ہزارہ اور شیعوں کے خلاف زبردست مہم جس کے نتیجے میں گزشتہ سال سینکڑوں لوگ مارے گئے۔ اکتوبر 2014 میں ایک مسلح شخص نے کوئٹہ میں ایک بس پر فائرنگ کر دی جس کے نتیجے میں شیعہ ہزاری کمیونٹی سے تعلق رکھنے والے آٹھ افراد ہلاک ہو گئے جس کے بعد تشدد کی ایسی لہر ابھری جس کے نتیجے میں سینکڑوں لوگ مارے گئے کئی بچے یتیم ہو گئے، خاندان کے خاندان اجڑ گئے۔ پولیس مجرموں کو پکڑنے اور انھیں سزا دینے اور ہزارہ کمیونٹی کو تحفظ دینے میں ناکام ثابت ہوئی جس کا نتیجہ یہ نکلا کہ کئی ہزارہ خاندان ترک وطن کر کے دوسرے ممالک میں پناہ لینے پر مجبور ہو گئے۔

پاک انسٹی ٹیوٹ فار پیس اسٹڈیز کی جانب سے فراہم کردہ اعداد وشمار کے مطابق 2013 میں فرقہ وارانہ فسادات کے 220 واقعات رپورٹ کیے گئے جن میں سے 208 فرقہ وارانہ نوعیت کے دہشت گرد حملے، فرقہ وارانہ گروہوں کے درمیان 12 جھڑپیں بھی شامل تھیں جن کے نتیجے میں 687 افراد اپنی جانوں سے ہاتھ دھو بیٹھے۔ ان حملوں میں 1319 افراد زخمی ہوئے جو کہ پچھلے سال سے 46 فیصد زائد تھے۔

ملک کے بڑے اقلیتی گروہوں کی صورتحال بھی دگرگوں رہی۔ عیسائیوں، ہندوؤں اور سکھوں پر حملوں کے ملزمان کی گرفتاری یا انھیں سزائیں دینا یا پھر ملک میں برداشت کی فضا کے قیام میں حکومت بری طرح ناکام رہی۔ اقلیتیں، مذہبی شدت پسندوں سے دھمکیوں کے سائے میں جیتی اور مرتی رہیں کیونکہ وہ انھیں کھلے عام نشانہ بناتے اور خوفزدہ کرتے رہے۔ حالیہ جاری تشدد کا ایک بڑا ثبوت لاہور میں ایک عیسائی جوڑے کا لرزہ خیز قتل اور انھیں اینٹوں کے اس بھٹے میں جلا کر راکھ کرنا بھی ہے جہاں وہ کام کیا کرتے تھے۔ ایک روز پہلے یہ افواہ پھیلائی گئی

کہ مذکورہ جوڑے نے قرآن کی بے حرمتی کی ہے اگرچہ اس کے کوئی شواہد موجود نہیں تھے لیکن پھر بھی جو افسوسناک سانحہ ہوا، وہ سب کے سامنے ہے۔ اگرچہ پنجاب حکومت نے اس واقعے کی تحقیقات کے لیے ایک کمیٹی قائم کردی اور اس بات کا اعادہ بھی کیا کہ عیسائی کمیونٹی کی جان و مال کا ہر قیمت پر تحفظ کیا جائے گا جن کو مسلسل دھمکیوں کا سامنا ہے۔ اس موقع پر ہونے والے مظاہروں میں مطالبہ کیا گیا کہ اس اندوہناک سانحہ کے شکار جوڑے کے قاتلوں کو انصاف کے کٹہرے میں لایا جائے تاکہ وہ علاقے جہاں پر عیسائیوں کو بہت زیادہ خطرات لاحق ہیں، وہاں پر انھیں غالب آبادی کے ظلم سے بچایا جائے۔ مگر ان یقین دہانیوں اور وعدوں کو عرصہ بیت گیا اور ابھی تک کوئی پیش رفت نہیں ہوسکی۔ یہ ماحول جس میں ظالم کو ہمیشہ شہ ملتی ہے اور بہت کم ہوتا ہے کہ کسی کو اس کے کیئے کی سزا ملے۔ جس سے یہ پیغام جاتا ہے کہ کوئی بھی مذہبی شعائر کی توہین کے قانون کا غلط استعمال کرکے ظلم و ستم کرسکتا ہے اور معاملات کو اپنے ہاتھ میں لے سکتا ہے۔

ہندو جو کہ پاکستان کے سماجی، معاشی اور سیاسی معاملات میں جدوجہد کرتے آئے ہیں، انھیں دوسرے درجے کا شہری سمجھا جاتا ہے۔ ہندو عورتیں جنسی تشدد کی بھینٹ چڑھ رہی ہیں، انھیں اغوا کیا جاتا ہے اور زبردستی ان کا مذہب تبدیل کیا جاتا ہے اور ان کی جبری شادیاں کی جاتی ہیں کیونکہ موجودہ قانونی ڈھانچے میں ان کے تحفظ کے لیے خاطر خواہ انتظامات نہیں ہیں۔ ہندو اور عیسائی خواتین کے خلاف انسانی حقوق کی خلاف ورزیوں کو اس وقت تک نہیں سمجھا جاتا جب تک وہ جنسی زیادتی، ظلم و جبر، جبری شادی یا پھر اسے اغوا کرکے کسی اور کو فروخت نہ کردیا جائے۔ تقریباً 20 لاکھ ہندو پاکستان میں رہتے ہیں، جن کی اکثریت سندھ میں رہتی ہے۔ بہت سے خاندانوں کا کہنا ہے کہ ان کی بیٹیوں کو پہلے جبری طور پر اغوا کیا جاتا ہے اور پھر ان کی کسی مسلمان کے ساتھ شادی کردی جاتی ہے مگر وہ اپنی تقدیر کو بدلنے کے لیے کچھ نہیں کرسکتے۔ اس میں گذشتہ چند سالوں سے شدت آچکی ہے اور ہر سال 300 سے زائد ہندو عورتوں کو پاکستان میں جبری مسلمان بنایا جاتا ہے۔ حدود آرڈیننس کے تحت اگر نشانہ بننے والی عورت شادی شدہ ہے تو زنا بالجبر بھی بدکاری کے ہی زمرے میں آئے گا۔ خراب تحقیقاتی عمل، گواہوں کی عدم موجودگی اور حملہ کرنے والوں کے ڈر اور خوف کی وجہ سے متاثرہ خواتین اپنے خلاف ہونے والے واقعے کی شکایت بھی درج نہیں کرواتیں۔ حدود آرڈیننس اگرچہ عمومی طور پر تمام خواتین کے خلاف ہی امتیازی ہے مگر اقلیتی خواتین کے خلاف حالیہ واقعات کو دیکھتے ہوئے کہا جاسکتا ہے کہ وہ اس کا خاص نشانہ ہیں۔ جبری طور پر مسلمان بنانے کے واقعات نے ہندو کمیونٹی کے اشتعال میں اضافہ کردیا ہے۔ وہ بااثر وڈیروں کے خلاف اپنی عورتوں کے اغوا، خرید و فروخت، جبری تبدیلیٔ مذہب اور ان سے شادیوں کے خلاف مسلسل آواز بلند کرتے چلے آرہے ہیں۔ مزید یہ کہ جبری مزدوری کے زیادہ تر شکار بھی اقلیتوں سے ہی تعلق رکھتے ہیں۔

جبری شادیوں اور زبردستی مسلمان کرنے کے ساتھ ساتھ سیاسی اداروں میں اقلیتوں کی نامناسب نمائندگی اور ان کے خلاف امتیازی قوانین ان پر مزید ظلم ڈھانے کا سبب بن رہے ہیں۔ تعلیمی سہولتوں کے فقدان

کی وجہ سے بھی وہ ان مواقع سے بھی محروم رہ جاتے ہیں جن کی وجہ سے وہ معاشرے کے دیگر طبقات کے مساوی ہونے کے قابل ہو سکتے۔ یہ بات پاک انسٹی ٹیوٹ فار پیس اسٹڈیز کے سروے میں بھی سامنے آئی جہاں تمام صوبوں کے شرکا نے کہا کہ وہ معاشی مواقع نہ ملنے کی وجہ سے اس حیثیت سے محروم ہو چکے ہیں جو انھیں پاکستان کے قومی دھارے کا حصہ بنا سکتی تھی۔ پنجاب کے 81 فیصد، سندھ کے 98 فیصد نے یہی رائے دی اس کے باوجود سندھ کے 95 فیصد کا کہنا تھا کہ وہ اپنی مذہبی اور ثقافتی سرگرمیوں میں دیگر مذاہب کے ماننے والوں کی طرح آزادانہ شرکت کر سکتے ہیں۔ سندھ کے ہی 93.3 فیصد ہندوؤں کا کہنا تھا کہ وہ قومی دھارے کا حصہ نہیں ہیں جبکہ سندھ کے صرف پانچ فیصد عیسائی سمجھتے ہیں کہ وہ قومی دھارے کا حصہ نہیں ہیں۔ بلوچستان کی 96.7 فیصد کی رائے تھی کہ انھیں دوسرے درجے کے شہری کی حیثیت حاصل ہے۔ خیبر پختونخواہ کے 77.4 فیصد کی بھی رائے ہے کہ وہ قومی دھارے کا حصہ نہیں تاہم انھیں مذہبی آزادی حاصل ہے۔ دوسرے صوبوں کے شرکا کے سامنے بھی اسی طرح کے سوالات رکھے گئے جن سے یہ بات سامنے آئی کہ 90 فیصد سے زیادہ کا خیال ہے کہ انھیں اپنی مذہبی اور ثقافتی تقریبات میں شرکت کی آزادی حاصل ہے۔ جب ان سے پوچھا گیا کہ آپ کے مذہبی تہواروں کے بارے میں دوسرے مذاہب کے ماننے والوں کا رویہ کیسا ہوتا ہے تو 66 فیصد نے اس سوال کا جواب نہیں دیا جب کہ صرف 21 فیصد نے کہا کہ ان کا ردعمل مثبت ہوتا ہے۔ جب ان سے پوچھا گیا کہ آپ کو دوسرے مذاہب کے لوگوں کے ساتھ لین دین یا کاروبار میں کسی مشکل کا سامنا ہوتا ہے تو 82 فیصد نے جواب دیا کہ نہیں، لیکن دوسری طرف جب ان سے بین المذاہب تعلقات کے بارے میں پوچھا گیا تو 54 فیصد نے غیر جانبداری کا اظہار کیا۔ صرف 37 فیصد نے کہا کہ وہ اپنے قرب وجوار کے رہنے والوں سے گرم جوش تعلقات رکھتے ہیں۔ سروے میں یہ بات بھی سامنے آئی ہے کہ قبائلی علاقہ جات اور کے پی کے کچھ شہری علاقوں میں اسلامی تحریکوں کی وجہ سے معاشرے میں عدم تحفظ کا احساس بڑھا ہے بالخصوص اقلیتوں، ان کی عبادات اور ان کے حوالے سے برداشت کی صورت حال ابتر ہوئی ہے۔

بردباری اور تحمل کے رویوں کا فروغ ریاست کی توجیحات میں کہیں نہیں اگر رفتہ رفتہ ہی کسی ایسے منصوبے پر عمل کیا جائے تو حملوں میں کمی لائی جاسکتی ہے۔ اعتدال پسندی سے انتہا پسندی کے سفر نے پاکستان کو ایک ایسی ریاست میں بدل دیا ہے جو اقلیتوں کا تحفظ کرنے میں مکمل طور پر ناکام ثابت ہوئی ہے۔ چرچوں میں دھماکے ہوتے ہیں، مندروں کو تباہ کیا جاتا ہے، عبادت گزاروں پر حملہ کر کے انھیں مار دیا جاتا ہے، بسوں پر حملے ہوتے ہیں، گھر تباہ کیے جاتے ہیں اور سماجی محفلوں پر حملے ہوتے ہیں۔ ستمبر 2013 میں پشاور میں عیسائی کمیونٹی پر ایک ہلاکت خیز حملہ ہوا جب آل سینٹ چرچ پر حملے کے نتیجے میں 127 افراد مارے گئے اور متعدد زخمی ہوئے۔ جب سروے میں لوگوں سے دریافت کیا گیا کہ کیا وہ اپنی مذہبی عبادات آزادی کے ساتھ انجام دے سکتے ہیں تو تعلیم یافتہ افراد نے کہا کہ وہ اتنی آزادی کے ساتھ نہیں کر سکتے جتنی انھیں حاصل ہونی چاہیے مگر کم پڑھے لکھے افراد

یا جن کی مالی حالت بھی تسلی بخش نہیں تھی، انھوں نے کہا کہ وہ اتنی ہی آزادی کے ساتھ اپنی عبادات انجام دے سکتے ہیں جتنی آزادی کے ساتھ دوسرے لوگ انجام دیتے ہیں۔ یا شاید اس کی وجہ ان کا ادراک ہو یا وہ خوف ہو جس کی لپیٹ میں اقلیتیں مجموعی طور پر آچکی ہیں۔

خیبر پی کے میں سروے میں حصہ لینے والوں میں 27.4 فیصد عیسائی اور 6.72 فیصد سکھ اور دوسرے صوبوں کے تقریباً 40 فیصد کے پاس انٹرمیڈیٹ کی تعلیم تھی۔ 4.98 فیصد کی عمر 25 سال سے زائد تھی۔ 90 فیصد نے کہا کہ انھیں اپنی مذہبی تقریبات اور تہواروں میں شرکت کی اتنی ہی آزادی ہے جتنی دوسرے مذاہب کے ماننے والوں کو ہے۔ جب ان سے پوچھا گیا کہ آپ کی مذہبی تقاریب اور تہواروں پر دوسرے مذاہب کے ماننے والوں کا کیا ردعمل ہوتا ہے تو 66 فیصد نے کہا کہ کوئی خاص نہیں جبکہ صرف 21 فیصد نے کہا کہ ان کا ردعمل مثبت ہوتا ہے۔

کہنے کا مقصد یہ ہے کہ خیبر پی کے میں نسلی گروہ ابھی تک روایت سے منسلک ہیں، ان کی سوچ میں ابھی تک مذہبی برداشت کا سلسلہ پوری طرح ختم نہیں ہوا کیونکہ سروے کے شرکا کا کہنا تھا کہ انھیں دوسرے مذہبی گروہوں کے ساتھ رہتے ہوئے کسی سماجی، سیاسی یا معاشی مسئلے کا سامنا نہیں ہوتا۔ 80 فیصد شرکا کا کہنا تھا کہ سیکورٹی اور دہشت گردی کا خطرہ سب مذاہب کے ماننے والوں کے لیے یکساں ہے، اغوا برائے تاوان اور لوٹ مار ہر طرف جاری ہے۔ صرف 25 فیصد نے کہا کہ انھیں ان کے مذہب کی وجہ سے ٹارگٹ کیا جاتا ہے۔ 72 فیصد شرکا کا کہنا تھا کہ حکومت انھیں وہ سہولیات مہیا کرے جو پنجاب میں انھیں دی جارہی ہیں۔

قومی اور ریاستی سطح پر بڑھتی ہوئی خوفناک اور لرزہ خیز وارداتیں، اس بات کا اظہار ہیں کہ اقلیتوں کے لیے سماجی اور سیاسی معاملات میں گنجائش کم سے کم ہورہی ہے۔ مسلمانوں اور غیر مسلموں کے مابین کوئی بامعنی مکالمہ یا ایک دوسرے کا ادراک نہیں ہورہا۔ قومی سطح کے مسلمان مذہبی رہنما، ان کی سیاسی جماعتوں یا فرقوں نے آج تک بین المذاہب ہم آہنگی، برداشت اور بقائے باہمی کے فروغ میں کوئی اہم کردار ادا نہیں کیا جس سے شیعہ، احمدی، عیسائی، ہندو اور سکھ کمیونٹی کے خلاف حملے روکے جاسکتے۔ یہ بات بھی دلچسپی سے خالی نہیں کہ جب بہت سے شرکا سے سوال کیا گیا کہ انھیں روزمرہ معاملات کی انجام دہی میں ان کی مذہب کی وجہ سے کسی امتیازی رویئے کا سامنا کرنا پڑتا ہے تو زیادہ تر نے اس کا جواب نفی میں دیا۔ اس کی سبب ایک کثیر نسلی اور مذہبی معاشرے کا باہم گہرا تعلق بھی ہوسکتا ہے کیونکہ وہ صدیوں سے ایک دوسرے کے ساتھ رہتے آئے ہیں اور ان کی الگ الگ مذہبی شناخت نے انھیں علیحدہ نہیں کیا۔ تاہم بیرونی مداخلتیں، یہاں پُرتشدد حملوں کے اضافے کا سبب ہیں۔ مثال کے طور پر بلوچستان میں 33 فیصد بالغ اور تعلیم یافتہ شرکا نے کہا کہ انھیں روزانہ امتیازی رویوں کا سامنا رہتا ہے لیکن 3.63 فیصد ان سے متفق نہیں تھے۔ جب ان سے پوچھا گیا کہ کیا انھیں بطور خاص دہشت گردوں کی جانب سے خطرہ ہے یا پھر یہ خطرہ سب اقلیتوں کے لیے یکساں ہے تو 7.66 فیصد نے کہا کہ نہیں یہ خطرہ تمام کے لیے ایک جیسا ہی ہے۔ لیکن 3.23 فیصد نے کہا کہ ان کے لیے خطرات اس لیے زیادہ ہیں کیونکہ ان کا تعلق عیسائی مذہب

سے ہے جس کی مثال چرچوں اور بلوؤں کی صورت ان کی کمیونٹی پر حملے ہیں۔

سندھ میں 4.92 فیصد رائے دہندگان ہندو اور ان کے مقابلے پر صرف 8.5 فیصد عیسائی تھے جس کی وجہ صوبے میں ہندوؤں کی بڑی آبادیاں ہیں۔ ہندوؤں کی زیادہ تر شکایات جبری شادیاں اور ان کی لڑکیوں اور عورتوں کا اغواء، بے روزگاری اور وہ امتیازی قوانین جن کا شکار ہندو اور عیسائی دونوں ہی ہیں۔ سندھ میں ہندو اور عیسائی رائے دہندگان کی آرا سے معلوم ہوتا ہے کہ تمام طبقات کسی مذہبی، سماجی اور سیاسی تفریق کے مسائل کے بغیر اکھٹے رہتے ہیں۔ 61 فیصد نے کہا کہ جہاں وہ رہتے ہیں وہاں پر انھیں کسی خاص مذہب کا پیروکار ہونے کی وجہ سے انھیں کسی مسئلے کا سامنا نہیں کرنا پڑتا جبکہ 31 فیصد نے اس رائے سے اختلاف کیا۔

پنجاب میں تین بڑے اقلیتی گروہوں سے تعلق رکھنے والے 58 فیصد رائے دہندگان نے کہا کہ انھیں مذہبی، معاشی اور سیاسی سطح پر ایسے مسائل کا سامنا رہتا ہے جن کا سامنا دوسرے طبقات کو نہیں ہوتا۔ 60 فیصد کا کہنا تھا کہ سیکورٹی اور دہشت گردی سے متعلق خطرات سب طبقات کے لئے یکساں نوعیت کے ہیں۔ اعداد و شمار سے معلوم ہوتا ہے کہ مختلف نسلی گروہوں کے مابین خاص مواقعوں مثلاً شادی بیاہ پر باہمی میل جول قابل اطمینان ہے۔ تاہم 41 فیصد روزمرہ معاملات میں امتیازی سلوک کا شکوہ کرتے ہیں اور 51 فیصد ایسا نہیں سمجھتے۔ پنجاب میں عیسائیوں کے خلاف حملوں کی وجہ سے یہ اعداد و شمار نسبتاً زیادہ ہیں۔

توہین رسالت کا قانون: خطرے کی تلوار

غیر مسلموں کو پھنسانے کا سب سے معروف طریقہ، توہین رسالت کا الزام ہے۔ تعزیرات پاکستان کے تحت مقدس کتابوں، ہستیوں کی توہین، ان سے غلط باتیں منسوب کرنا یا پھر کسی آیت کی غلط توجیہہ پیش کرنا، قابل تعزیر جرم ہے۔ اس کی جڑیں 1860 کے برطانوی نوآبادیاتی قانون میں ملتی ہیں جسے پہلے لاء کمیشن نے بنایا تھا جس میں کہا گیا کہ کسی مذہبی عبادت گاہ کو نقصان پہنچانا یا اس کی بے حرمتی کرنا یا کسی بھی مقدس چیز کی توہین کرنا 295 کے تحت مجرمانہ فعل ہے۔ 1947 کے بعد جب پاکستان نے 1860 کے قانون کو ہی نافذ کیا تو اس میں 295A کا اضافہ کر دیا گیا اور اس میں مذہبی شعائر کی توہین کو بھی شامل کر دیا گیا، اس میں ترامیم کا عمل کئی دہائیوں پر مشتمل ہے۔ ضیا کی اسلامائزیشن کے دوران PPC آرڈیننس کے ذریعے 1982 میں اس میں 295-B کا اضافہ کیا گیا جس کے تحت کوئی بھی شخص ارادتاً قرآن کی توہین کرے گا یا اس کی غلط توجیہہ کرے گا اسے عمر قید تک کی سزا دی جا سکتی ہے۔ توہین مذہب کے قانون کا شکار اکثر اقلیتیں بنتی ہیں جن کے خلاف پر تشدد حملے کیے جاتے ہیں۔ حیرت کی بات تو یہ ہے کہ ان الزامات اور سزاؤں کا تعین پولیس نہیں بلکہ لوگ کرتے ہیں اور جن پر الزام ہوتا ہے وہ پولیس یا کسی ساتھی قیدی کی طرف سے جیلوں کے اندر ہی مار دیے جاتے ہیں۔ جج اور وکلا ایسے کیسوں سے دور بھاگتے ہیں جس کی وجہ سے متعدد کیس زیر التوا ہیں۔ کسی قانونی عمل کی عدم ادائیگی کی وجہ سے مجرم

جیلوں میں مزے کر رہے ہیں۔

توہین مذہب کے قوانین کے غلط استعمال کی وجہ سے عدم برداشت اور پُرتشدد انصاف کا چلن عام ہوا ہے کیونکہ حکومت نے ابھی تک اس قانون میں کسی تبدیلی کا اشارہ نہیں دیا۔ اگرچہ پاکستان میں کسی کی سزا پر ابھی تک عمل درآمد نہیں ہوا، 16 افراد کو پھانسی کی سزا ہو چکی ہے اور 20 لوگ عمر قید کی سزا بھگت رہے ہیں۔ اقلیتی احمدی کمیونٹی پنجاب میں انتہا پسند سنیوں کی جانب سے اکثر نشانے پر رہتی ہے کیونکہ پنجاب کے بعض صوبائی حکام ، احمدیوں، ان کی مساجد اور قبرستانوں کی حفاظت کی بجائے انتہا پسندوں کی حمایت کرتے ہیں۔

جب پروفیسر محمد شکیل اوج اسلام کے حوالے سے اپنے جدت پسند خیلات کو پھیلا رہے تھے ، انھوں نے کچھ دوسری باتوں کے علاوہ یہ بھی کہا کہ نماز ادا کرنے کے لیے یہ ضروری نہیں کہ میک اَپ اتارا جائے تو انھیں دھمکیاں ملنی شروع ہو گئیں جو کئی سالوں تک جاری رہیں۔ کراچی یونیورسٹی کے اسلامک اسٹڈیز کے ڈین کی حیثیت سے انھوں نے شانِ بے نیازی کے ساتھ اپنی کوششیں جاری رکھیں۔ ستمبر 2014 میں انھیں کراچی میں اس وقت موت کے گھاٹ اتار دیا گیا جب وہ اپنی ایک خاتون شاگرد کے ساتھ ایران کلچرل سینٹر جا رہے تھے جہاں ان کے ساتھ شام منائی جانے والی تھی۔

گذشتہ دہائی اور حالیہ سالوں میں توہین رسالت کے قانون میں ترمیم اس وجہ سے نہیں ہوسکی کیونکہ مذہبی کارکنوں کی جانب سے ردعمل کا خطرہ ہے۔ اپریل 2011 میں مشرف دور حکومت میں توہین رسالت کے الزام کے تحت ایف آئی آر کے اندراج کا طریقہ تبدیل کرنے کی کوشش کی گئی کہ کسی بھی ایسے الزام کی ایف آئی آر کے اندراج کا اختیار ڈپٹی کمشنروں کو سونپا جائے گا جو عدالت میں کیس بھیجنے سے قبل خود تحقیقات کرے گا جس سے یہ امید پیدا ہوئی تھی کہ اب کوئی بے گناہ اس کی بھینٹ نہیں چڑھے گا اور اس قانون کے غلط استعمال کا رستہ بھی رک جائے گا اور وہ لوگ جو ذاتی عناد مٹانے کے لیے اقلیتی کمیونٹی کے خلاف اس قانون کا سہارا لیتے ہیں، اس کی نفی ہو گی۔ یہ مجوزہ ترمیم جس کی سفارش ہیومن رائٹس اور کئی کانفرنسوں نے کی تھی، اس کا اجلاس جو اسی سال مئی میں ہو رہا تھا، مذہبی طبقات کی جانب سے خوف کی وجہ سے منسوخ کر دیا گیا۔ ریاست اقلیتوں اور اس قانون کا نشانہ بننے والوں کو تحفظ دینے میں ناکام ہو گئی۔ حالانکہ ان لوگوں کو سزا نہیں دی جاتی جو اس قانون کا غلط استعمال کرتے ہیں ، اقلیتوں پر اور ان کی عبادت گاہوں پر حملے کرتے ہیں۔ ریاست اس وقت کہیں نظر نہیں آئی جب 2009 میں پنجاب میں گوجرہ کے فسادات اور مارچ 2013 میں جوزف کالونی میں بلوائیوں نے سینکڑوں عیسائیوں کو مار دیا جس کے بعد پوری عیسائی کمیونٹی مشتعل ہو گئی۔ 30 جولائی اور یکم اگست 2009 کو جب توہین مذہب کے معاملے پر فسادات بھڑک اٹھے جس کے نتیجے میں سات عیسائیوں کو زندہ جلا دیا گیا، درجنوں زخمی ہوئے اور ان کے گھر تباہ کر دیے گئے۔ نومبر 2010 کے دوران ایک دوسرے واقعے میں توہین رسالت کے ملزم کو جو ضمانت پر تھا، اسے اس کے گھر کے باہر گولی مار دی گئی۔

2013 میں وزارت قانون انصاف و انسانی حقوق نے پارلیمنٹ کو آگاہ کیا کہ ملک بھر میں انسانی حقوق کی 8648 خلاف ورزیاں ہوئی ہیں جن میں خواتین کے خلاف تشدد، فرقہ وارانہ تشدد، ٹارگٹ کلنگ، جنسی طور پر ہراساں کرنا اور دوسری خلاف ورزیاں شامل تھیں جو پولیس کے علم میں آئیں۔ ان اعداد و شمار میں مسنگ پرسنز کے 141 کیس جن میں سے 47 کا تعلق بلوچستان سے تھا، بھی شامل تھے۔ تاہم توہین مذہب کے حوالے سے قابل ذکر شکایات تو شامل نہ تھیں لیکن یہ کہا گیا کہ اقلیتوں کے بیس ایسے مسئلے ہیں جہاں انھیں قانونی مدد اور تحفظ کی ضرورت ہے۔ پاکستان طویل افغان جنگ کی وجہ سے جنگوؤں کی جنت بن گیا۔ مستقبل سے مایوس نوجوان انتہا پسندوں کے لیے آسان نشانہ تھے تاکہ وہ ان کے ذہنوں کو مذہبی اقلیتوں کے خلاف کر سکیں۔ اقلیتوں کے خلاف تشدد اس لیے بڑھا کیونکہ وہ افراد جو انتہا پسند تھے یا جو دنیا کو اپنے مخصوص زاویے سے دیکھتے تھے، انھوں نے تو ہین مذہب کے قانون کا غلط استعمال کیا۔ توہین مذہب کے قانون کی وجہ سے اقلیتیں خوفزدہ ہو چکی ہیں کیونکہ پولیس انھیں غیر حقیقی الزامات سے تحفظ دینے میں ناکام ثابت ہوئی ہے۔ اقلیتوں سے تعلق رکھنے والے ذہنی اور جسمانی معذور افراد، بچے اور نوجوان بچیاں حتیٰ کہ چھ سال کی ایک بچی بھی اس الزام کے تحت جیل جا چکی ہیں۔ اعداد و شمار سے معلوم ہوتا ہے کہ ایسے الزامات کے تحت جیلوں میں قید ملزمان کو اگر سزا نہ بھی ملے تو وہ جیلوں کے اندر ہی مار دیے جاتے ہیں جو ریاست اور اس کی حیثیت پر ایک سوالیہ نشان ہے۔ انٹرنیشنل کمیشن آف جیورسٹس میں ایشیا پیسیفک کے ریجینل ڈائریکٹر سام ظریفی کا کہنا ہے کہ ریاست نے انتہا پسندوں کے مقام کو تسلیم کر لیا ہے۔ جو حکومت اپنے شہریوں کو تحفظ دینے میں ناکام ہو جائے وہ نہ صرف ناکام ہو جاتی ہے بلکہ اسے کسی طرح ایک خود مختار ریاست نہیں کہا جا سکتا۔ جہاں یہ صورت حال ہو وہاں پر لوگوں کو قانونی مدد فراہم کرنے کے لیے وکلا کو آگے آنا چاہیے مگر ایک ایسا ماحول جس میں انتہا پسند لوگوں کو انتہائی بے رحمانہ طریقے سے مار رہے ہوں، وہاں یہ کہنا تو آسان ہے مگر کرنا بہت مشکل ہے۔

موت: انسانی حقوق کے محافظوں کا مقدر

اقلیتوں کے حقوق کے لیے کام کرنے والے افراد، جج، وکلا اور انسانی حقوق کے کارکنوں کو جو توہین مذہب کے الزامات کے شکار افراد کو قانونی مدد فراہم کرتے ہیں، کو اپنے ساتھیوں اور مذہبی گروپوں کی جانب سے دھمکیوں کا سامنا کرنا پڑتا ہے تاوقتیکہ ان پر حملے نہیں ہوتے اور انھیں مار نہیں دیا جاتا۔ یکم مئی 2014 کو 55 سالہ راشد رحمٰن کو ملتان میں ان کے دفتر میں گولی مار دی گئی کیونکہ وہ توہین مذہب کے ایک ملزم کے کیس کی پیروی کر رہے تھے۔ وہ گزشتہ بیس سال سے انسانی حقوق کمیشن آف پاکستان کے ساتھ وابستہ تھے جہاں وہ عورتوں، مزارعوں، اقلیتوں اور معاشرے کے پسے ہوئے طبقات کی جنگ لڑ رہے تھے۔ جب یونیورسٹی کے ایک لیکچرر جنید حفیظ کا کیس کسی بھی وکیل نے لینے سے انکار کر دیا تو ایسے میں راشد رحمٰن آگے آئے۔ راشد رحمٰن کو عدالت میں ہی

مخالفین کی جانب سے دھمکی دی گئی جس سے معلوم ہوتا ہے کہ توہین مذہب کا قانون مذہبی تشدد کو ہوا دیتا ہے اور لوگ ان کو بھی مارنے سے نہیں ہچکچاتے جو ایسے افراد کا کیس لڑتے ہیں چاہے وہ انسانی حقوق کے کارکن ہی کیوں نہ ہوں۔ اکثر وکلا کا کہنا ہے کہ ایسے ہائی پروفائل کیسوں میں اپیلیں سننے کے لیے ججز بھی دستیاب نہیں ہوتے کیونکہ وہ ردعمل سے خوف زدہ ہوتے ہیں۔

اے رحمٰن اپنے بھتیجے جو کہ مظلوموں اور بے کسوں کے لیے لڑتے ہیں، کے بارے میں ڈان میں لکھتے ہیں، ''جب اس سے مدد مانگی جاتی تو پھر کسی کو انتظار نہیں کرنا پڑتا تھا، وہ پہلا آدمی تھا جس نے مختاراں مائی کا کیس اٹھایا اور یہ وہی تھا جس نے شیری رحمٰن کے وکیل استغاثہ کا سامنا ہائی کورٹ تک کیا۔ ہم نے ایچ آر سی پی میں مظلوموں اور محکوموں کے لیے ان کی پرجوش اور بے باکانہ کوششوں کے بارے میں بارہا اپنے خدشات کا ظہار کیا کیونکہ ہم ایک بے مہار معاشرے میں رہ رہے ہیں اور کسی میں یہ ہمت نہیں کہ وہ دیوار پر لگے آئینہ میں اپنی شکل تک دیکھے۔''

اسلام آباد کے ایک تھنک ٹینک سینٹر فار ریسرچ اینڈ سیکورٹی اسٹڈیز کے 2012 کے ایک مطالعے کے دوران یہ بات سامنے آئی کہ توہین مذہب کے الزامات کے کیسوں میں اضافہ ہوا ہے اور 2011 کے دوران 80 کیس سامنے آئے جب کہ اس کے مقابلے پر 2001 میں صرف ایک کیس سامنے آیا تھا۔ انتہا پسند گروہ نسلی اور مذہبی اقلیتوں اور وہ تمام لوگ جو اپنا دفاع نہیں کر سکتے ، نیچے سے اوپر تک اور حکومتی ایوانوں میں بیٹھے وزیروں تک کو کامیابی سے نشانہ بناتے ہیں جس کا مقصد اقلیتوں کو یہ پیغام دینا ہے کہ وہ اور ان کے ساتھ جو بھی ہوگا اس کو نہیں چھوڑا جائے گا۔ ایچ آر سی پی کی چیئر پرسن زہرا یوسف کا کہنا ہے کہ بہت سوں کا ایمان ہے کہ توہین مذہب کے ملزموں کا وکلا کو دفاع نہیں کرنا چاہیے۔ اس کی مثال دیتے ہوئے انھوں نے کہا کہ 1995 میں جسٹس عارف اقبال بھٹی نے دو عیسائی بھائیوں کو توہین مذہب کے الزام سے بری کر دیا جس پر انھیں دھمکیاں دی گئیں اور 1997 میں انھیں قتل کر دیا گیا۔ امریکہ کے کمیشن آن انٹرنیشنل ریلیجس فریڈم نے 2014 کی عالمی رپورٹ میں لکھا ہے کہ پاکستان کا توہین مذہب کا قانون اقلیتوں کے لیے بہت تشویشناک ہے کیونکہ اس کے ذریعے انھیں عمر قید یا سزائے موت کی سزا دے دی جاتی ہے اور عموماً جس الزام میں انھیں یہ سزا دی جاتی ہے، وہ انھوں نے کیا بھی نہیں ہوتا۔ مزید برآں یہ کہا کہ اس قانون کے سائے تلے بلوائیوں نے ازخود قانون کا نفاذ بھی اپنے ذمے لے لیا ہے اور جن پر توہین مذہب کا الزام لگتا ہے ان کے خلاف وحشیانہ انصاف کیا جانے لگا ہے۔

حتیٰ کہ حکومت کا وفاقی وزیر جو کہ اقلیتوں کی آواز تھا، اس کو بھی اس کے اس عمل کی وجہ سے دھمکیاں دی جانی لگیں۔ جب نومبر 2010 میں ایک عیسائی خاتون آسیہ بی بی کو توہین رسالت کے سلسلے میں سزائے موت ہوئی تو اس وقت کے صدر آصف زرداری اپنے صوابدیدی اختیارات کے تحت اس کی سزا معاف کرنا چاہتے تھے۔ مگر ان کی اتحادی جماعت جے یو آئی ف نے اس معاملے کو چیلنج کر دیا جس کی وجہ سے وزیر قانون کی وہ کوششیں بھی بار

ثقافتی مزاحمت اور معاشرہ

آور ثابت نہ ہوسکیں جو اس قانون میں ترمیم کے بارے میں تھیں۔ 2011 میں اس وقت کے گورنر پنجاب سلمان تاثیر نے آسیہ بی بی سے جیل میں ملاقات کی اور توہین رسالت کے قانون کی ترمیم پر زور دیا جس پر انھیں اسلام آباد میں ان کے محافظ نے ہی قتل کر دیا۔ سلمان تاثیر کی حمایت سے شیری رحمٰن اسمبلی میں توہین رسالت کے قانون میں ترمیم کا بل پیش کرنا چاہتی تھیں مگر سلمان تاثیر کی موت کے بعد ایسا نہ ہوسکا۔ سلمان تاثیر کے قاتل کو مذہبی انتہا پسندوں کی جانب سے ہیرو کا درجہ ملا اس کے عمل کو جائز ثابت کیا گیا اور اسے مکمل عدالتی مدد فراہم کی گئی۔ جب عدالت نے اسے سزائے موت سنائی تو اسلام آباد کی ایک مسجد کا نام تبدیل کر کے اس کے نام پر رکھ دیا گیا۔ سلمان تاثیر کے قتل کے بعد وفاقی وزیر اقلیتی امور شہباز بھٹی کا بھی قتل ہوا جو کہ گورنر پنجاب کی طرح اقلیتوں کے حقوق کے لیے اور توہین مذہب کے قانون میں ترمیم کی ایک مضبوط آواز تھا۔

پانچ بچوں کی ماں آسیہ بی بی نے پانچ سال جیل کی سلاخوں کے پیچھے سزائے موت کے قیدی کی حیثیت سے گذار دیے۔ اس پر الزام تھا کہ اس نے کھیتوں میں کام کے دوران اپنی ایک مسلم ساتھی خاتون سے گفتگو میں نبی کریمؐ کی شان میں گستاخانہ الفاظ کہے تھے اور ایک کنویں سے ایک گھونٹ پانی پی کر اسے ناپاک کر دیا تھا۔ اسے اکتوبر 2014 میں سزائے موت سنائی گئی جس کے خلاف اس کے وکلا نے سپریم کورٹ میں اپیل دائر کر رکھی ہے۔ عالمی برادری آسیہ بی بی کی سزا ختم کرنے اور قانون میں تبدیلی کا مطالبہ کر رہی ہے مگر ابھی تک اس سلسلے میں نہ تو آسیہ بی بی کی سزا ختم ہوئی ہے اور نہ ہی ان لوگوں کے حق میں کچھ ہوسکا ہے جو اس قانون کی وجہ سے الزامات کی زد میں ہیں۔ (یہ مضمون آسیہ بی بی کی رہائی سے پہلے کا ہے، عالمی برادری کے دباؤ میں حکومت پاکستان نے اسے مع اہل وعیال پُراسرار طریقے سے راتوں رات یورپ پہنچا دیا۔ مدیر)

انسانی حقوق کی جنگ لڑنے والے کہتے ہیں کہ اس قانون کو ذاتی مخاصمت مٹانے کے لیے استعمال کیا جاتا ہے اور عدالتوں میں کوئی ثبوت بھی نہیں دیا جاتا۔ جج بھی کیس سننے سے گھبراتے ہیں۔ غلط الزام لگانے والے کے لیے کسی سزا کا تعین بھی نہیں ہے۔ اس قانون کا دائرہ کتنا وسیع ہے، اس کی ایک حالیہ مثال یہ ہے کہ پنجاب پولیس نے ان 68 وکلا کے خلاف بھی توہین رسالت کا مقدمہ درج کرلیا جو کہ پولیس کی جانب سے اپنے ایک ساتھی کے قید کے خلاف احتجاج کر رہے تھے۔

ایک وکیل جو کہ توہین رسالت کیس میں ایک ملزم کا دفاع کر رہا تھا، اس کا کہنا تھا کہ جب اس کے ساتھیوں کو معلوم ہوا کہ میں ایک ایسا کیس لڑ رہا ہوں تو ان کا کہنا تھا کہ تم نے اپنی جان کو خطرات میں ڈال دیا ہے اور تم پر حملہ ہوجائے گا۔ مجھے مشورہ دیا گیا کہ تم غائب ہوجاؤ۔ انھوں نے کہا کہ میرے ساتھی وکلا نے سپریم کورٹ کے احاطے میں میرے ساتھ بدتمیزی کی اور مجھے خبردار کیا۔ نچلی عدالتوں میں اگر ثبوت نہ بھی ہوں تو ملزم کو سزا ہو جاتی ہے کیونکہ سزا نہ ہونے کی صورت میں بلوائیوں کی جانب سے خطرہ ہوتا ہے۔

سینئر وکیل سلمان راجہ کا کہنا ہے کہ ”توہین رسالت کے کیسوں کی اپنی الگ فطرت ہوتی ہے کیونکہ

مذہبی جنون کی وجہ سے لوگوں کے جذبات انتہا کو ہوتے ہیں اور وہ کسی بھی وقت پر تشدد ہو سکتے ہیں۔ان حالات میں کسی مظلوم کا دفاع کرنا اپنی جان کو خطرات میں ڈالنا ہوتا ہے۔''

سلمان راجہ کا کہنا ہے کہ توہین رسالت کے ملزموں کے ساتھ انصاف کے تقاضے پورے کرنے کے لیے ہمیں اٹلی میں مافیا کے کیسوں کی طرز پر سماعت کو ماڈل بنانا ہوگا اور ایسے کیسوں کو وکلا اور ججز سمیت عام سے خفیہ جگہوں پر منتقل کرنا ہوگا تا کہ وکلا اور ججوں کی شناخت ظاہر نہ ہو۔اگر چہ یہ قدامت پسندی ہو گی مگر انصاف کے تقاضوں کو پورا کرنے کے لیے ایسا کرنا ناگزیر ہے کیونکہ ان حقوق کا دفاع کرنے والوں کو تحفظ اور مجرموں کو کیفر کردار تک پہچانے کے عہد کو حکومتیں نظر انداز کرتی آئی ہیں جس کی وجہ سے ظالم کے خلاف مظلوم کا ساتھ دینے والوں کی اپنی جان خطرات میں گھر جاتی ہے۔

پاکستانی اقلیتوں کے خلاف پر خطر ہجوم، منافرت، قتل و غارت، مذہبی عبادت گاہوں کی توڑ پھوڑ، گالم گلوچ اور دھمکیاں اب روزمرہ کا معمول ہیں۔وہ اب انتہا پسندوں کی وجہ سے سماجی اور سیاسی طور پر قومی دھارے سے الگ ہو کر رہ گئی ہیں۔سندھ کے دیہی علاقوں میں ہندو اور نچلی ذاتوں سے تعلق رکھنے والوں کو تشدد کا نشانہ بنایا جاتا ہے۔ان کی نو جوان عورتوں کو اغوا کر لیا جاتا ہے، انھیں جبری طور پر مذہب چھوڑ کر مسلمانوں کے ساتھ شادی پر مجبور کیا جاتا ہے۔ہیومن رائٹس کمیشن آف پاکستان غیر مسلموں کو برابر کے شہری حقوق اور انھیں تحفظ دینے کے لیے تعزیرات پاکستان کی شق 295B اور C کو منسوخ کرنے کا مطالبہ کرتا آرہا ہے کیونکہ اس میں ابہام اور قانونی پیچیدگیاں ہیں۔کیونکہ بہت سے کیسوں میں تین گھناؤنے حقائق دیکھے گئے ہیں۔ایک یہ کہ اکثر ایسے کیسوں کے پیچھے کاروباری رقابت ہوتی ہے، یا کسی کی جائیداد پر قبضہ کرنا ہوتا ہے جس کے لیے چند مولویوں کو ساتھ ملا کر پہلے ایف آئی آر درج کرنی ہوتی ہے اور پھر انتہا پسندوں کے ساتھ عدالتوں کا محاصرہ کرنا ہوتا ہے تا کہ دباؤ میں فیصلہ کروالیا جائے۔

حکام کی جانب سے عدم توجہی، عدالتوں، انتظامی یا قانونی سطح پر اقلیتوں کو عدم تحفظ درحقیقت ریاست کو بھی شریک جرم بنا دیتا ہے۔عدالتیں خوف میں سماعت کرتی ہیں۔ملزم تھانوں، جیلوں کے اندر اور عدالتوں کے باہر غیر محفوظ ہوتے ہیں اور جو ہائی کورٹ سے بری ہوئے وہ پاکستان چھوڑنے پر مجبور کر دیے گئے اور وہ جج جس نے ایک بچے کو رہا کیا تھا ریٹائرمنٹ کے بعد ہلاک کر دیا گیا۔

اسلامی ریاست میں اقلیتوں کے تحفظ کا ذمہ دار کون؟

اقلیتوں کے حقوق کے حوالے سے پاک انسٹی ٹیوٹ فار پیس اسٹڈیز کے سروے سے دو سوال ابھر کر سامنے آئے ہیں۔حکومت اقلیتوں کے کچھ گروہوں کے خلاف وحشیانہ تشدد کو روکنے میں کیوں ناکام ثابت ہوئی ہے، انھیں ایسے قانون میں پھنسایا جاتا ہے جو اکثر و بیشتر غلط استعمال ہوتا ہے، اس تاریخی سچائی کے باوجود کہ یہ

لوگ صدیوں سے ایک دوسرے کے ساتھ مل جل کر رہتے آئے ہیں۔ اکثریتی طبقہ کی جانب سے انتہا پسندوں کے ساتھ مل کر غیر مسلموں کے خلاف ظلم مسلسل کیوں جاری ہے؟ اور سماجی اور معاشی دھارے سے اقلیتوں کو کیوں بے دخل کر دیا گیا ہے۔ قومی ریاست یہ ذمہ داری کیوں نہیں ادا کر سکی کہ وہ تکثیریت کو فروغ دیتی، انتہا پسندی اور عالمی تنگ نظری کا تدارک کرتی۔ جب سروے کے نتائج کا جائزہ لیا گیا تو پنجاب سے تعلق رکھنے والے 42 فیصد شرکا نے کہا کہ ریاست کا قانون امتیازی نہیں ہے جبکہ 50 فیصد نے کہا کہ امتیازی سلوک کا سامنا کچھ گروہوں کی جانب سے ہے۔ 5.49 فیصد نے کہا کہ کام کرنے والی جگہوں پر امتیازی سلوک مروجہ ہے اور 43 فیصد نے کہا کہ انھیں اپنی عبادت گاہوں میں خطرہ ہے۔ اگر چہ 7.65 فیصد کا موقف تھا کہ وہ اپنے مذہبی تہوار آزادانہ طور پر منا سکتے ہیں۔ جب سندھ میں یہ سوال پوچھا گیا کہ کیا ریاست کا قانون سب کے لیے یکساں ہے تو 49 فیصد نے ہاں میں جواب دیا اور 45 فیصد نے کہا کہ نہیں، یہ کچھ کے لیے امتیازی ہے۔ 2.62 فیصد نے کہا کہ ملازمت کے مواقع بھی سب کے لیے یکساں ہیں۔ جب بلوچستان میں یہ سوال کیا گیا کہ قانون مساوی ہے تو 60 فیصد نے کہا کہ ہاں، جبکہ اس کے ساتھ ہی 3.73 فیصد نے کہا کہ جب ہم روزگار مانگتے ہیں تو پھر یہ امتیازی ہو جاتا ہے۔ 3.43 فیصد عیسائیوں کا کہنا تھا کہ انھیں امتیازی سلوک کا سامنا ہے۔

ملک بھر کے چاروں صوبوں میں کیے جانے والے سروے سے یہ بات بھی سامنے آئی ہے کہ شرکا کی آرا ان کی تعلیم اور مذہب کی بنیاد پر مختلف ہیں۔ میٹرک والے کی رائے ایم اے والے سے مختلف ہے، ہندو اور سوچتا ہے، سکھ، عیسائی مختلف۔ یہ بات بھی دلچسپی سے خالی نہیں کہ شرکا کے شعور کی سطحیں اپنے حقوق، امتیازی سلوک اور قانون کے حوالے سے مختلف ہیں۔ سندھ جہاں پر اکثر شرکا ان پڑھ، غریب اور لاچار کمیونٹی سے تعلق رکھتے ہیں، وہاں ان کے خلاف ایذا رسانی اور حاشیہ آرائی عام ہے اور یہ عمل گذشتہ کئی دہائیوں سے جاری وساری ہے اور جب ان کے خلاف کوئی ظلم و جبر ہوتا ہے تو وہ ردعمل کے خوف کی وجہ سے اس کا تذکرہ بھی نہیں کرتے۔ ان کا خیال ہے کہ مقامی سیاسی رہنما جن کو طاقت کے ایوانوں کی آشیر باد حاصل ہے، وہ ان کے تنقید سے ناراض ہو سکتے ہیں۔ بہت سے ہندو مسلمان جاگیرداروں کے پاس جبری مشقت کر رہے ہیں، اس لیے وہ اپنے مصائب سے پردہ نہیں اٹھا سکتے۔ مزید برآں وہ یہ بھی سوچتے ہیں کہ پولیس اور انصاف کے موجودہ نظام کے تحت ان کی آواز کی حیثیت ہی کیا ہے۔ سندھ کے ہندوؤں اور نچلی ذاتوں سے تعلق رکھنے والوں اور پنجاب کے عیسائیوں کو روزمری زندگی میں دیگر شہریوں کے مساوی حقوق، تعلیم اور غیر امتیازی رویہ اور روزگار یہ سب مہیا نہیں ہے۔

پنجاب کے تین اقلیتی گروہوں عیسائی، ہندو اور بہائی اپنی ضروریات کے حوالے سے حکومتی روش سے مطمئن نہیں ہیں، بالخصوص جب وہ اپنا تقابل دیگر مذہبی گروہوں سے کرتے ہیں لیکن جب ان سے یہ پوچھا جاتا ہے کہ ریاست کا قانون امتیازی ہے تو 42 فیصد کہتے ہیں کہ ایسا بھی نہیں ہے۔

سروے سے یہ بات بھی واضح ہوئی ہے کہ شرکا اپنے اعتقاد پر قائم ہونے کے باوجود دوسرے مذہبی

گروہوں کے ساتھ مل جل کر رہنے میں کوئی عار محسوس نہیں کرتے لیکن ملک کی مجموعی صورتحال اور شدت پسندی کی لہر سے خطرہ محسوس کرتے ہیں۔ شرکا کا کہنا ہے کہ اقلیتوں کے لیے مذہبی ہم آہنگی کی جڑیں یہاں تاریخی طور پر مضبوط ہیں۔ پرامن تعلقات کے لیے مذہبی طور پر مخلوط ہمسائگی میں جو ہم آہنگی موجود ہے، وہ ایک مثبت اشارہ ہے جس کو ان گروہوں کی بھی حمایت حاصل ہے جو اپنے علاقوں میں امن اور بقائے باہمی کی داعی ہیں۔ اگرچہ چاروں صوبوں کے شرکا اس بات پر بھی یقین رکھتے ہیں کہ وہ کسی بڑے سماجی اور معاشی دھارے کا حصہ نہیں ہیں اور انھیں قومی سطح پر اقلیت ہی کے طور پر سمجھا جاتا ہے۔ یہ تفریق اس لیے بھی ہے کہ اقلیتوں کو طویل عرصے سے سیاسی طور پر فیصلہ سازی کے امور سے الگ رکھا گیا ہے اور انتہا پسندی کے پھیلنے کی وجہ سے دائیں بازو کی مذہبی قوتوں نے انھیں نشانہ بنایا ہے۔

نتائج: اقلیتوں کے لیے کوئی جگہ نہیں

تکثیریت کی حامل جمہوریتوں میں اقلیتوں کا مسئلہ مشکلات اور چیلنجز سے دوچار ہے۔ لیکن سب کو ان کے حقوق، اقدار اور مذہبی شناخت کے تحفظ کی اہمیت کا ادراک ہے تاکہ ان کو ایسا ماحول فراہم کیا جائے جس میں آزادی کے ساتھ نہ صرف وہ اپنی عبادات بجالاسکیں بلکہ وہ سیاسی اور معاشی عمل میں بھی آگے بڑھ سکیں۔ قیام پاکستان کے وقت اس کے بانیوں کے پیش نظر مذہبی ریاست نہیں تھی، جناح، اقبال اور لیاقت علی خان سب کا مقصود ایک ہی تھا۔ 23 مارچ 1940 کو لاہور میں آل انڈیا مسلم لیگ کے اجلاس میں منظور ہونے والی قراردادِ پاکستان میں کہا گیا کہ ''اقلیتوں کو آئین میں مناسب، پراثر اور ضروری تحفظ فراہم کیا جائے تاکہ وہ مذہب، ثقافت، معیشت سیاست اور انتظامی معاملات میں آزاد ہوں نہ صرف پورے انڈیا میں بلکہ ان علاقوں میں بھی جہاں مسلمان اکثریت میں ہیں۔'' تاہم یہاں پر قومی اور مذہبی شناخت کا ایک اتصال ہے جو مستقبل میں آنے والے واقعات اور قوم کی سمت کا تعین کریں گے۔ 1973 کے دستور میں کہا گیا ہے کہ ''اقلیتوں کو مناسب ماحول فراہم کیا جائے جس میں وہ اپنے مذہب اور اقدار کی آزادانہ پاسداری کرسکیں۔'' ضیا دور میں قراردادِ مقاصد کو جب آئین کا جزو لاینفک مانا گیا تو اس میں لفظ آزادانہ کو نکال دیا گیا۔ اگرچہ یہ سب یقین دہانیاں انھیں آزادانہ طور پر اپنی عبادات کی انجام دہی اور کسی بھی ظلم و زیادتی سے تحفظ فراہم کرنے کے لئے ہیں مگر پھر بھی عملاً جو صورتحال ہے وہ اس سے یکسر مختلف ہے جس کا وعدہ ایک اسلامی ریاست نے اقلیتوں کے ساتھ کیا ہے۔ Minority Rights Group International نے اپنی رپورٹ برائے 2014 میں پاکستان کو ان دس ممالک میں ساتویں نمبر پر رکھا ہے جہاں پر اقلیتوں کو سب سے زیادہ خطرات ہیں۔ یہ رپورٹ کہتی ہے کہ اقلیتوں کو لاحق خطرے کی ایک وجہ حکومت اور معاشروں کی جانب سے اقلیتوں کے ساتھ امتیازی عمل کو نظرانداز کرنا بھی ہے۔ یہ خطرہ صرف فرقہ وارانہ نہیں بلکہ سندھ میں سیاسی و نسلی تشدد بھی ہے۔ سندھ میں دیوبندی اور بریلوی عسکری تنظیموں

کے درمیان جھڑپیں، بلوچستان میں بلوچی کارکنوں پر ظلم و جبر، عیسائیوں اور احمدیوں کے خلاف جاری تشدد، لشکر جھنگوی، سپاہ صحابہ اور طالبان کی جانب سے ہزارہ اور شیعہ کمیونٹی کی نسل کشی جس کی نتیجے میں صرف گذشتہ سال کے دوران سینکڑوں افراد مارے گئے۔ یہ صورتحال حکومت کے لیے خطرے کی گھنٹی ہے کہ وہ اس مسئلے کے تدارک کے لیے کچھ کرے۔ State of the World's Minorities and Indigenous People 2014 کی سالانہ رپورٹ میں 'نفرت سے آزادی' کے نام سے گروپ نے کہا کہ مقامی افراد کی طرف سے اقلیتوں کو ہراساں کرنے سے لے کر ان پر بلا امتیاز حملے اور قتل و غارت کا خطرہ ہے۔ اقلیتوں کے خلاف مسلسل دھمکیوں، وحشیانہ حملوں، منافرت اور قتل و غارت کے کھلے ثبوتوں کے ہوتے ہوئے ملک میں جاری انتہا پسندی کے ماحول میں مذہبی، سماجی، معاشی اور سیاسی امتیاز جاری ہے۔ حکومت کی عمل داری اور اس کے کمزور سیاسی عزم کی وجہ سے یہ چنگاریاں بھڑک اٹھی ہیں اور لوگ اندرون اور بیرون ملک ہجرت پر مجبور ہو گئے ہیں۔

پاکستان میں توہین مذہب کے قوانین: ایک تاریخی جائزہ

برطانیہ کی نوآبادیاتی انتظامیہ نے مسلمانوں اور ہندوؤں کے درمیان مذہبی کشیدگی کو دیکھتے ہوئے تقسیم سے پہلے مختلف سیاسی گروہوں کی حمایت سے توہین مذہب کے حوالے سے کچھ قوانین لاگو کیے۔ برطانوی حکمرانوں نے اس مقصد کے لیے 1860 میں مقبروں کی حفاظت کے لیے بھی قوانین نافذ کیے۔

ان قوانین میں 1927 میں ترمیم کرتے ہوئے یہ اضافہ کیا گیا کہ کوئی بھی طرز عمل جس سے کسی بھی مذہب یا اس کے ماننے والوں کی دانستہ یا نادانستہ دل آزاری ہو یا ان کے جذبات کو ٹھیس پہنچے، اس جرم پر جیل یا جرمانے کی سزا ہو سکتی ہے۔ اس قانون کو پاکستان نے 1947 کے بعد بھی اپنایا۔ مشرقی اور مغربی پاکستان کے درمیان جاری کھچاؤ کی وجہ سے دائیں بازو کی مذہبی طاقتوں کو بھی شہ ملی کہ وہ منافرت اور عدم برداشت کو ہوا دیں۔ یہ صورتحال مغربی پاکستان میں مجلس احرار کی جانب سے احمدیوں کے خلاف تحریک کی وجہ بن گئی جو آخر کار انھیں غیر مسلم قرار دینے پر منتج ہوئی جس سے اسلام پسندی کے عمل نے جڑیں پکڑنا شروع کر دیں۔

1980 کی دہائی میں ضیا دور میں توہین مذہب کے قوانین کو اسلام کا لبادہ اُڑھایا گیا۔ اسلام آباد میں کام کرنے والے ایک ادارے سینٹر فار ریسرچ اینڈ سیکورٹی اسٹڈیز کی تحقیق کے مطابق 1977 اور 1988 کے درمیان 80 زائد کیس اس ضمن میں درج کیے گئے۔

1980 اور 1984 کے درمیان توہین مذہب کے قانون میں مزید ترامیم کی گئیں۔ 295-B الہامی کتابوں سے متعلق اور 295-C نبی کریمؐ کی اہانت سے متعلق تھی۔ 295-B پاک ہستیوں اور پاک جگہوں کا احاطہ کرتی ہے اور 295-C قادیانیوں کو جانب سے خود کو مسلمان کہلانے پر قدغن لگاتی ہے۔

ضیاء دور میں 1982 میں کی جانے والی ترامیم کے بعد قرآن کی بے حرمتی پر عمر قید کی سزا متعارف

کروائی گئی۔

1984 میں احمدیوں کی جانب سے خود کو مسلمان ظاہر کرنا ممنوع قرار دے دیا گیا۔
1986 میں نبی کریمؐ کی شان میں گستاخی کرنے والے کے لئے سزائے موت کا تعین کیا گیا۔
بہت زیادہ تعداد میں ایسے کیس سامنے آنے پر نچلی عدالتوں نے انھیں ہائی کورٹس میں بھیجنا شروع کر دیا۔

ابھی تک ایسے کیسوں میں کسی بھی مجرم کو پھانسی نہیں ہوئی مگر بہت سے مجرم جیلوں میں مار دیے گئے یا اس وقت ہلاک کر دیے گئے جب انھیں ضمانت پر رہا کیا گیا تھا۔

[بشکریہ 'تجزیات آن لائن'، 10 اپریل 2015]

کوئی معاشرہ نسل کشی کو کس طرح یاد رکھتا ہے؟

سبھاش گاتاڈے
ترجمہ: اشعر نجمی

'ایک انسان مکمل طور پر تبھی فراموش ہوتا ہے جب اس کا نام ہی فراموش کر دیا جائے۔' یہ بیان کتنا تلخ اور حقیقی ہے۔ ہٹلر نے جرمنی میں یہودیوں کے تمام نشانات کو ختم کرنے میں کوئی کسر نہیں چھوڑی، لیکن ایک 'گنٹر ڈیمنگ' (Gunter Demnig) نے ان ناموں کو دوبارہ زندہ کر دیا۔ ادیب اور مفکر سبھاش گاتاڈے کا زیر نظر مضمون بتاتا ہے کہ کیسے؟ اور کتنے مؤثر طریقے سے 'گنٹر ڈیمنگ' نے یہ کام کیا۔

کئی بار بظاہر چھوٹے چھوٹے واقعات اچانک ماضی کے تاریک دریچوں میں جھانکنے کا موقع فراہم کرتے ہیں۔ دو سال پہلے ہمیں بھی ایسے ہی تجربے کا سامنا کرنا پڑا تھا۔

جرمنی کے شہر 'بون' کی ایک سنسان سڑک پر ایک دکان کے قریب مڑتے ہوئے ہم نے کبھی خواب میں بھی نہیں سوچا تھا کہ سڑک پر واقع ایک گھر کے سامنے پیتل کی چوکور پلیٹیں جو صاف ستھری کیلوں سے جڑی ہوئی ہوں گی اور جن پر کچھ لوگوں کی تفصیلات کندہ ہوں گی، اچانک ہمیں تقریباً اسّی سال قبل اسی مکان میں رہنے والے چار مکینوں کے ساتھ کیا ہوا تھا، اس کی کہانی سے روبرو کرائیں گی۔

دراصل، ہم لوگ اچانک پیتل کی ان پلیٹوں سے ٹکرائے تھے، جو اس مکان کے سامنے والے دروازے کے پاس فٹ پاتھ پر کیلوں سے جڑی ہوئی تھیں۔

آپ سمجھ سکتے ہیں کہ مکان کا دروازہ فٹ پاتھ پر ہی کھلتا تھا اور دروازے کی دونوں جانب کچھ دکانیں

تھیں۔ ایسا منظر دنیا کے کسی بھی شہر یا علاقے میں دیکھا جا سکتا ہے۔

فٹ پاتھ میں جڑی گئیں ان پلیٹوں کی تعداد چار تھی، جن میں سے بائیں طرف شاید خاندان کے سربراہ کا نام کندہ تھا 'برن ہارڈ مارکس'، جب کہ دائیں طرف کی پلیٹوں میں خاندان کے دیگر ممبروں؛ ایرنا مارکس (پیدائش: 1899)، ہیلینا (پیدائش: 1929) اور جولی (پیدائش: 1938) درج تھیں اور باقی تفصیلات وہی تھے۔

جیسا کہ مندرج تفصیلات سے ظاہر تھا کہ ان چار پلیٹوں کا تعلق؛ جن کا رقبہ زیادہ سے زیادہ 9 مربع انچ تھا، جرمنی کی تاریخ کے اس خوفناک دور سے تھا جب لاکھوں کی تعداد میں بے گناہ لوگ؛ یہودی، روما، یہوواہ کے گواہ فرقہ سے وابستہ لوگ، ہم جنس، حتیٰ کہ سیاسی مخالفین بھی، اس غارت گری کا شکار ہوئے تھے، جب انھیں ایذا رسانی کیمپوں سے گیس چیمبر بھیج کر مارا گیا تھا اور ایذا رسانی کے اپنے محدود مدت کے قیام کے دوران پر طرح طرح کے خطرناک تجربے بھی کیے گئے تھے۔

اس جگہ کے رہنے والے مارکس خاندان کو؛ برن ہارڈ، ان کی بیوی ایرنا اور دو بیٹیاں ہیلینا اور جولی، چاروں کو منسک کے ایذا رسانی کیمپوں میں بھیجا گیا تھا اور جیسا کہ پلیٹ پر کندہ تاریخ سے ظاہر ہے کہ وہاں پہنچنے کے محض چار دنوں کے اندر ان کا قتل کر دیا گیا تھا۔ منسک ایذا رسانی کیمپ میں کتنے لوگ مارے گئے تھے، اس کی تفصیل تو دستیاب نہیں ہے، لیکن دو سال کے اندر وہاں کم از کم 65000 یہودیوں کی نسل کشی کر دی گئی تھی۔

ظاہر ہے اتنے بڑے پیمانے پر منعقد اس قتل عام میں برن ہارڈ مارکس، اس کی بیوی ایرن اور بیٹیاں ہیلینا اور جولی، محض ایک عدد کے طور پر گنے جا رہے ہیں۔

ہم محض تصور ہی کر سکتے ہیں کہ اس بدنصیب دن میں کیا ہوا ہوگا۔

ممکن ہے سب کچھ اتنا 'منظم' نہ بھی ہوا ہو، سینکڑوں کی تعداد میں بھیڑ وہاں جمی ہو جو 'ہیل ہٹلر' یعنی 'ہٹلر کی جئے ہو' کے نعرے لگا رہی ہو اور پلک جھپکتے ہی انھوں نے برن ہارڈ، ایرنا، ہیلینا وغیرہ کو پیٹنا شروع کر دیا ہو، جب کہ چھوٹی جولی اپنی ماں کے بازو میں خود کو چھپانے کی ناکام کوشش کر رہی ہو۔ اور پھر ممکن ہے کہ پیٹتے پیٹتے ہی انھیں ہٹلر کے نازی سپاہیوں کے سپرد کر دیا گیا ہو اور پھر کسی ٹرین میں یا ٹرک میں ان کی روانگی منسک ہوئی ہو۔

چیزیں جیسی وقوع پذیر ہوئی ہوں گی اس کی تفصیل پتہ نہیں کہیں ملیں گی بھی یا نہیں، لیکن پیتل کی پلیٹیں، جو برن ہارڈ مارکس خاندان کے اس سابق مکان کے سامنے ہی فٹ پاتھ پر جڑی گئی تھیں، اس بات کی تائید ضرور کر رہی تھیں کہ 20 جولائی 1942 کا وہ دن ان کے لیے موت کا فرمان لے کر آیا تھا۔

ان پیتل کی پلیٹوں کو باریکی سے نہارتے ہوئے ہمیں دیکھ کر ساتھ چل رہی اُرمی، ہماری بیٹی، جو ان دنوں وہاں ریسرچ کر رہی تھی، رُک گئی تھی۔

فٹ پاتھ پر اچانک رک کر، جہاں لوگوں کی آمد و رفت جاری تھی، ان پلیٹوں کو دیکھ رہے اپنے والدین کے چہرے پر منجمد حیرانی اور فکر کی لکیروں کو دیکھتے ہوئے وہ خاموشی سے وہاں کھڑی رہ گئی تھی۔ پھر جب ہم نے

اس کی طرف دیکھا تو اپنی خاموشی توڑ کر اس نے ان علیحدہ قسم کی 'یادگاروں' کے بارے میں بتایا جو اس سیاہ دور کی یاد دلانے کے لیے بنی ہیں۔

اس نے ہمیں دھیرے سے بتایا کہ انھیں stolpersteine کہتے ہیں۔ جرمن زبان میں 'stolper' کا مطلب ہوتا ہے 'ٹھوکر لگنا' اور 'steine' کا معنی ہوتا ہے 'پتھر'۔

بالفاظ دیگر اسے یوں سمجھیں کہ فٹ پاتھ پر ہلکی سی ٹھوکر لگے اور آپ رُک جائیں اور پھر سوچیں کہ کس طرح ایک ایسا وقت تھا جب اس کی سرزمین پر سات آٹھ دہائی پہلے گوشت پوست رکھنے والے انسانوں کے ساتھ دوسروں نے وحشیوں سا سلوک کیا تھا، محض اس وجہ سے کہ وہ دوسرے عقیدے کو ماننے والے تھے، جس سماج پر جس کی تاریخ پر ہم فخر کرتے ہیں اس کا ایک سیاہ صفحہ یہ بھی ہے۔

جانکاروں کے مطابق پورے یورپ میں جگہ جگہ پر آپ ایسی 'یادگاریں' پائیں گے۔

اس نے ہمیں بتایا کہ ان پیتل کی پلیٹوں کے الگ الگ جگہ جگہ جہاں ایسے واقعات ہوئے تھے؛ لگانے کا مقصد ہے کہ آج کی نسل کو اس بات کے لیے مسلسل بیدار کرتے رہنا چاہیے کہ تیس کی دہائی کے نصف آخر میں چالیس کی دہائی کے نصف اول میں آخر کیا وقوع پذیر ہوا تھا اور اس پر مسلسل سوچتے رہنا چاہیے کہ کیوں اور کس طرح اپنے معاشرے کا ہی ایک بڑا طبقہ ان دنوں سفاکی کو بھی شرمندہ کر دینے والے ظالموں اور فسادیوں میں تبدیل ہوا تھا۔

یوں تو دنیا بھر میں پھیلے نامور لوگوں کی یادگاروں کی تفصیلات کسی ایک ہی جگہ پر نہیں ملیں گی لیکن بے نام لوگوں کے نام بنی یادگاروں کے طور پر دیکھیں تو ہزاروں کی تعداد میں بنی یہ یادگاریں تعداد کے معاملے میں دنیا بھر میں اول نمبر پر شمار کی جاسکتی ہیں۔

اگر دنیا کے پیمانے پر کسی خاص ایشو کے تناظر میں یادگاروں کی کبھی گنتی ہونے لگے تو شاید stolpersteine اول نمبر پر آئیں گے۔

کب بنا تھا پہلا stolpersteine

انٹرنیٹ پر تھوڑا سا تلاش کرنے پر کچھ دلچسپ نتائج سامنے آئے۔

دراصل یہ پروجیکٹ ایک اکلوتے فن کار گنٹر ڈیمنگ کی کوششوں کا نتیجہ ہے، جنھوں نے پہلی ایسی یادگار 1992 میں قائم کی تھی جب آشوٹز (Aschwitz) فرمان کے پچاس سال پورے ہوئے تھے، جس کے تحت ہٹلر کے قریبی ساتھی ہنرک ہملر نے یہودیوں اور دوسرے 'ناپسندیدہ' کی بے دخلی کے لیے اور ان کے اجتماعی قتل عام کے لیے حکم نامے پر دستخط کیے تھے (1942)۔ ڈیمنگ نے اس راستے کو نشان زد کرتے ہوئے کہ ان کے اپنے شہر 'کولون' کے یہودیوں نے اس روز ٹرین اسٹیشن پہنچنے کے لیے کون سا راستہ اختیار کیا تھا اور سٹی ہال؛

جہاں ان سبھی لوگوں کو اکٹھا کیا گیا تھا، وہاں پر پہلا stolpersteine قائم کیا۔

ڈیمنگ جو خود ایک یہودی ہیں اور مذہب کو ماننے والے بھی ہیں، یہودی مذہب کے ایک مقدس کہے جانے والے صحیفے 'تالمود' کے ایک جملے کو مقتبس کرتے ہیں: ''ایک شخص پوری طرح فراموش اسی وقت ہوتا ہے جب اس کا نام فراموش ہو جاتا ہے۔''

غور طلب ہے کہ پہلا stolpersteine قائم کرنے کا ایک مقصد یہ بھی تھا کہ ان دنوں جرمنی میں اس بات پر بحث جاری تھی کہ روما کے لوگوں کو؛ جنھیں ان دنوں یوگوسلاویہ سے بھگایا جا رہا تھا، کیا جرمنی میں رہنے کی اجازت دی جائے یا نہیں؟ عوامی الفاظ میں 'جپسی' کہلانے والے یہ لوگ 'ہولوکاسٹ' کے دنوں میں، یعنی یہودیوں کی نسل کشی اور ان کے نسلی تطہیر کے دنوں میں بھی اسی طرح تشدد کا شکار ہوئے تھے۔

کچھ سال پہلے کی رپورٹ کے مطابق یورپ کے 20 سے زیادہ ممالک کے 1200 سے زیادہ شہروں میں 56000 سے زیادہ یادگاریں بنائی گئی ہیں۔ یوں تو مظلوموں کے رشتے دار دراصل اس کی وسعت کے پیچھے خاص طور پر ہیں، جن کے ذریعے اس نسل کشی کی مہم میں مارے گئے تمام بے ناموں کو کچھ پہچان اور انسانیت عطا کی جا سکے۔

ہر stolpersteine کو ڈیمنگ اپنے ہاتھوں ہی سے بناتے ہیں۔ ایک انٹرویو کے دوران ستر سالہ ڈیمنگ نے اس کے پیچھے کا مقصد بیان کیا تھا:

''دراصل جب آپ ایسے کسی پتھر کے پاس ٹھہر جاتے ہیں تو وہ آپ کے اندر کی انسانیت کے جذبے کو اُبھار سکتا ہے اور دوسرے سے مربوط ہونے کے لیے آپ کو تحریک دے سکتا ہے۔ یہ بے حد ضروری ہے تاکہ مستقبل میں ایسی کوئی نسل کشی نہ ہو۔''

دلچسپ بات ہے کہ stolpersteine کا قائم کیا جانا بمشکل تیس سال پرانا سلسلہ ہے۔ یہ پوچھا جانا چاہیے کہ آخر ڈیمنگ جیسے ایک پاگل کہے جانے والے فنکار، حساس انسان کا یہ پروجیکٹ کیسے ممکن ہوا۔ وہ بتاتے ہیں کہ نوجوان ان سے اور ان کی ٹیم سے رابطہ کرتے ہیں اور اپنے اپنے شہروں میں stolpersteine لگانے کی بات کرتے ہیں۔ آخر یہ نوجوان جنھوں نے نہ وہ نازی دور دیکھا، نہ اس کے مظالم جھیلے، آخر کیوں ایسی یادگاروں کو قائم کرنا چاہتے ہیں کہ نازی ازم کے مظلوموں کی یادیں زندہ رکھی جا سکیں۔

بلاشبہ، ڈیمنگ سے رابطہ کرنے والوں میں ممکن ہے یہودی نوجوانوں کی اکثریت ہو، یا ان جپسی، روما یا باغی قسم کے جمہوریت پسندوں کے رشتے دار ہوں جو اس نسل کشی کی نذر ہو گئے۔ لیکن اس بات کو نشان زد کرنا ضروری ہے کہ آخر آج جب یہودیوں کی تعداد خود جرمنی میں کافی کم ہو گئی ہے، ایسی یادگاروں کے بارے میں قبولیت عامہ کیوں ہے؟

اسے اتفاق کہہ سکتے ہیں کہ stolpersteine کے بارے میں پہلی مرتبہ پتہ لگنے کے دو دن بعد

'بون' شہر کے ایک دوسرے حصے میں، جہاں ایشیائی باشندے نسبتاً زیادہ ہیں، کسی ہوٹل میں بیٹھے ہوئے، جسے ایک افغانی خاندان چلا رہا تھا، بیٹی کی ایک ہم جماعت اور اس کے افغانی جوان دوست سے ملاقات ہوئی جو وہاں انجینئر کے طور پر کام کر رہا تھا۔ گفتگو کے دوران ہم نے stolpersteine کے بارے میں اپنے حیرانگی کے جذبے کو ظاہر کیا۔ اس کے لیے بھی ان 'یادگاروں' ایک عام واقعہ تھا، بون سے تھوڑی دور پر کسی گاؤں نما جگہ میں اس کی رہائش تھی اور اس نے ہمیں یہ بتا کر مزید حیران کر دیا کہ جہاں وہ رہتا تھا، اس علاقے میں بھی کئی جگہوں پر ایسے stolpersteine موجود ہیں۔ اس سے جب دریافت کیا گیا کہ کیا گاؤں میں یا آس پاس کے علاقے میں کوئی یہودی خاندان اب بھی بچا ہوا ہے۔

"نہیں، زیادہ تر لوگ تو انھی دنوں ایذا رسانی کیمپوں میں ہی بھیجے گئے، باقی بچے دو تین خاندان وہاں سے نکل گئے۔"

یہ بے حد غیر معمولی واقعہ لگا کہ ماضی کی اپنی غلطیوں کا کفارہ ادا کرنے کے لیے معاشرہ کتنا پُر عزم ہے۔

دفعتاً، آنکھوں کے سامنے بیسویں صدی میں یا اکیسویں صدی کی ان دو دہائیوں میں ملک اور بیرون ملک میں ہوئی تمام نسل کشی کی تصویروں کا ایک کولاژ ابھرا اور میں یہ سوچنے لگا کہ کیا کسی علی الصبح اس بات کا تصور کیا جا سکتا ہے کہ ان تمام جگہوں، مقاموں پر جہاں کسی کو مذہب کے نام پر، کسی کو نسل کے نام پر، کسی کو ذات پات اور طبقے کے نام پر اجتماعی قتل عام کا شکار بنایا گیا ہو، وہاں ایسی یادگاریں بن پائیں گی تاکہ انسانیت ایک دوسرے کو یاد دلا سکے کہ ایسا تشدد اب اور نہیں۔

اس دن ہم جب سڑک پر نکلے تو پھر جرمن معاشرے کے اس ستر اسّی سالہ متنازعہ ماضی کی ایک جھلک میں پھر سے ایک بار روبرو تھے۔

اتفاق سے جس سڑک کے کنارے کھڑے ہو کر ہم بس کا انتظار کر رہے تھے، وہ 'ہاؤس ڈارف' کے نام سے بنی تھی۔ چوراہے کا نام بھی Hausdarffstrasse یعنی 'ہاؤس ڈارف شاہراہ' تھا۔

عمر کے جس پڑاؤ پر ہم ہیں، اس میں یادیں اور فراموشی کا ایسا عجیب و غریب امتزاج ہوتا رہتا ہے کہ کئی بار خود پر ہنسی آتی ہے، لیکن اچانک یاد آیا کہ کہیں یہ عظیم ریاضی دان 'ہاؤس ڈارف' کی تو بات نہیں ہو رہی ہے، جن کے بارے میں کالج کے ایام میں تھوڑا پتہ چلا تھا۔

دراصل یہودی خاندان میں پیدا ہوئے یہ وہی 'فیلکس ہاؤس ڈارف' تھے، جنھیں 'ماڈرن ٹوپولوجی' کے موجدوں میں سے ایک تسلیم کیا جاتا ہے، جنھوں نے ریاضی کے کئی شعبوں میں اہم یوگدان دیے تھے اور جنھوں نے ہٹلر راج میں جب یہودیوں کی نسل کشی چل رہی تھی، ان دنوں اپنی بیوی اور ایک خاتون رشتہ دار کے ساتھ خودکشی کر لی تھی۔ جرمن حکومت نے فرمان جاری کیا تھا کہ انھیں 'اینڈے نچ کیمپ' جہاں تمام یہودیوں کو بھیجا جا رہا تھا، جانا ہوگا اور وہ جانتے ہی تھے کہ اینڈے نچ میں ان کے ساتھ کیا سلوک ہوگا۔ تاریخ تھی، 26 جنوری 1942۔

ہٹلر کی اقتدار پر گرفت مضبوط کرنے کے ساتھ فیلکس ہاؤس ڈارف کے لیے جرمنی میں رہنا مسلسل مشکل ہو رہا تھا۔ وہ کوشش میں تھے کہ امریکہ چلے جائیں، لیکن انھیں وہاں ریسرچ فیلوشپ تک نہیں مل پائی تھی۔ بتایا جاتا ہے کہ ان کی زندگی کا وہ ایک اہم زمانہ تھا جب نازی طالب علموں نے ان کی جماعت کو چلنے نہیں دیا تھا۔ پروفیسروں کے گروہ میں ہٹلر حمایتیوں کی کوئی کمی نہیں تھی اور جن کی شہ ان نازی طالب علموں کو حاصل تھی۔

منظر نامہ یوں بن گیا تھا کہ تقریباً پچاس سال سے زیادہ عرصہ سے تدریس اور ریسرچ کے شعبے میں فعال رہے ہاؤس ڈارف کی یونیورسٹی میں داخلے پر بھی پابندی لگا دی گئی تھی، لائبریری کی کتابیں ملنی تو دور رہیں۔ ان کے ایک شناسا پروفیسر تھے جو ان کے لیے لائبریری سے کتابیں لے آتے تھے۔

اس سنگین دور میں ہی ہاؤس ڈارف کو حکومت کی طرف سے پروانہ مل گیا تھا کہ انھیں فلاں فلاں تاریخ کو ایذا رسانی کیمپ جانا ہوگا، پھر انھوں نے خودکشی کر لی تھی۔ (26 جنوری 1942) موت کے وقت ان کی عمر 74 سال تھی۔

خودکشی کے پہلے اپنے یہودی دوست اور وکیل کو کو لکھے اپنے خط میں انھوں لکھا تھا:

''پیارے دوست یولیسٹائن!

جب تم ان جملوں کو پڑھ رہے ہوگے، تب ہم تینوں اس مسئلہ کا الگ حل تلاش لیا ہوگا، جس کے بارے میں تم مسلسل ہمیں سمجھاتے رہے۔ تحفظ کا وہ احساس، جس کے بارے میں تم نے پیش گوئی کی تھی جب ہم ہجرت کرنے کے لیے تیار تھے، آج بھی ہم سے دور ہے؛ اینڈے نچ کیمپ، جہاں جانے کا حکم انھیں جرمنی سرکار نے دیا تھا۔

گزشتہ مہینوں میں یہودیوں کے ساتھ جو ہوا ہے، وہ اسی خوف کو درست ثابت کرتا ہے کہ وہ ہمیں ایک قابل برداشت حل کا راستہ بھی ڈھونڈنے کی مہلت نہیں دیں گے۔

الوداع!!''

خط کے آخر میں اپنے دوستوں کا شکریہ ادا کرتے ہوئے بے حد سنجیدگی سے اپنے آخری رسومات یا خودکشی نامہ وغیرہ کی بات کرتے ہوئے ہاؤس ڈارف لکھتے ہیں:

''ہمیں معاف کرنا کہ ہم لوگوں نے اپنی موت کے بعد بھی تمھیں زیادہ مصیبت میں ڈال دیا ہے اور ہمیں یقین ہے کہ تم جتنا ممکن ہو اس سے بھی زیادہ کر رہے ہو۔ اس طرح بیچ میں چھوڑ کر جانے کے لیے ہمیں معاف کرنا۔

ہماری تمنا ہے کہ تم اور ہمارے سبھی دوست بہتر دن دیکھ سکیں۔''

یہ علیحدہ بات ہے کہ یہ تمنا پوری نہ ہوسکی۔ ہاؤس ڈارف کے وکیل وولسٹائن آشووٹز میں قتل کر دیے گئے۔ آشووٹز، جہاں لاکھوں یہودیوں کو ایذا رسانی کیمپ میں بھیجا گیا تھا اور ان میں سے گنے چنے لوگ ہی زندہ لوٹ پائے تھے۔

ہم لوگ جہاں بس کے لیے کھڑے تھے، جس سڑک کو ان کا نام دیا گیا تھا، یہ وہیں پر کسی مکان میں

رہتے تھے۔

دل کی آنکھوں کے سامنے وہ پورا نظارہ نمودار ہو رہا تھا، جب اپنی زندگی کی آخری دہائی سے زیادہ وقت اس عظیم ریاضی دان نے بے بسی میں گزارا ہوگا، اور شب و روز کسی باہری یونیورسٹی سے ایک عدد نوکری کے آفر کا پروانہ چاہا ہوگا۔

کہیں آگے نکلنے کی جلدی تھی جس کی وجہ سے اس سڑک پر ٹہلتے ہوئے ان کے مکان کو تلاش کرنے کی ہماری خواہش دھری کی دھری رہ گئی۔ اتنا اندازہ تھا کہ اب اصلی مکان بدل گیا ہوگا، ممکن ہے نئے مالک نے اپنے مکان کے دروازے پر یہ پٹی بھی چسپاں کی ہوگی کہ: ''یہ وہی مکان ہے جہاں کبھی عظیم ریاضی دان ہاؤس ڈارف رہتے تھے جنھیں خودکشی کرنے کے لیے مجبور ہونا پڑا تھا۔''

دل ہی دل میں اتنا ہی سکون محسوس ہوا کہ خواہ ان کے جیتے جی انھیں نسلی اہانت کا زبردست سامنا کرنا پڑا ہو، لیکن بیسویں صدی کے نصف آخر میں ہی ایسی تمام اہانتوں کو الوداع کہنے کی طرف اپنے ہی متنازعہ ماضی سے تائب ہونے کی مہم نے جرمنی کے دونوں حصوں میں؛ جب جرمنی مشرقی جرمنی اور مغربی جرمنی میں منقسم تھا، اپنی اپنی سطح پر منصوبہ بند کوشش چل پڑی۔

آج کی تاریخ میں جرمنی میں اس عظیم ریاضی دان (8 نومبر 1868۔26 جنوری 1942) کی یاد کو محفوظ کرنے کی پوری کوشش کی ہے۔ خود بون میں ہی 'ہاؤس ڈارف سنٹر فار میتھ میٹکس' ہے اور 'ہاؤس ڈارف ریسرچ انسٹیٹیوٹ فار میتھ میٹکس' ہے تو شمال مشرقی جرمنی کے گریفسوالڈ میں واقع یونیورسٹی میں انھیں کی یاد میں بین الاقوامی ادارہ بنا ہے۔

برن ہارڈ مارکس کے خاندان کی آپ بیتی کے بہانے ہم اندازہ لگا سکتے ہیں کہ کس طرح نازی حکومت میں یہودیوں، جپسیوں اور دیگر لوگوں کے ساتھ سلوک کیا گیا ہوگا۔ کیسے انھیں گھروں سے، معاشی اداروں سے، سرکاری اداروں سے رفتہ رفتہ کھدیڑا گیا ہوگا۔ کیسے دہائیوں سے اور کہیں کہیں نسلوں سے ایک دوسرے کے ساتھ رہتے آئے لوگوں کے ساتھ ہم آہنگی رکھتے ہوئے چلتے آئے یہودی کسی صبح دشمن اعلان کر دیے گئے ہوں، اپنے ہی پڑوسی آپ کے دشمن کے طور پر آپ کے سامنے نمودار ہوئے ہوں گے۔

آپ نے 'Toyland' نامی ایک چھوٹی سی فلم دیکھی ہے جسے کچھ سال پہلے 'شارٹ فلم' کی کیٹگری میں آسکر ایوارڈ ملا تھا؟ اگر نہ دیکھی ہو تو ضرور دیکھ لیں۔

فلم میں 1940 کے ابتدائی دنوں کی جرمنی کے دو پڑوسیوں کی کہانی بیان کی گئی ہے، جن میں سے ایک خاندان یہودی ہے اور دوسرا عیسائی۔ دونوں کے بچوں میں، جو بمشکل چھ سات سال کے ہیں، کافی دوستی ہے۔ یہودی خاندان کے پاس سرکاری پروانہ آجاتا ہے کہ انھیں ایذا رسانی کیمپ میں فلاں فلاں دن پہنچنا ہے۔ یہودی خاندان بے بس ہے، اور بچے کے سامنے بھی کچھ سرگوشیاں چلتی رہتی ہے۔ میرین مائسنر، عیسائی خاندان کی

خاتون، اپنے بچے کو یہ کہہ کر بہلانے کی کوشش کرتی ہے کہ ان کے پڑوسی کچھ دنوں کے میں 'ٹوائے لینڈ' یعنی کھلونوں کی دنیا میں جا رہے ہیں۔ دوسرے دن جب کہ یہودی خاندان وہاں سے روانہ ہوتا ہے، میرین صبح اٹھتی ہے اور دیکھتی ہے کہ اس کا بچہ غائب ہے۔ بچہ رات بھر اسی انتظار میں رہتا ہے کہ وہ بھی 'ٹوائے لینڈ' جائے گا اور جب یہودی خاندان نکل پڑتا ہے تو وہ بھی ان کے ساتھ ٹرین میں بیٹھ جاتا ہے۔

فلم کے آخری حصے میں میرین مائسنر خود اپنے گمشدہ بچے کو تلاش کرنے کے لیے نکل پڑتی ہے، بے تحاشہ، بدحواس؛ جہاں وہ خود نازی پولیس کے طعنوں، اذیتوں کا شکار ہوتی ہے۔ میرے خیال سے یہ چھوٹی سی فلم بھی ہٹلر کے زمانے میں یہودیوں کے ساتھ کس طرح کی زیادتی ہوئی تھی، اس کی کہانی کو بیان کرتی ہے۔ 'ٹوائے لینڈ' محض جرمنی میں کیا ہوا، اسے بیان کرتی ہوئی فلم نہیں ہے بلکہ ہمارے معاشرے کا بھی استعارہ ہے۔

آپ خود بخود اندازہ لگا سکتے ہیں کہ 'ہم اور وہ' کی سیاست انسانیت کو کس اندھیرے میں دھکیل رہی ہے، کبھی اس 'وہ' میں یہودی ہو سکتے ہیں تو کبھی بودھ، تو کبھی مسلمان، کبھی سکھ تو کبھی ہندو۔

اگر اسّی نوے سال پرانے جرمنی کی طرف لوٹیں تو اندازاً 8.5 ملین جرمن، جو آبادی کا دسواں حصہ تھے، وہ نازی پارٹی کے ممبر تھے، اتنا ہی نہیں نازی ازم سے وابستہ اداروں کی بھی کافی ممبر شپ تھی۔ اس لیے ہم اندازہ لگا سکتے ہیں کہ جرمن آبادی کے درمیان نازی کارروائیوں کے لیے کتنی زبردست حمایت حاصل رہی ہوگی۔

کچھ عرصہ پہلے امریکی مصنف ڈینیل گولڈ ہیگن کی معروف کتاب 'Hitler's Willing Executioners-Ordinary Germans and the Holocaust, Danier Jonah Goldhagen, 1996) دیکھنے ملی تھی، جو اس بابت روشنی ڈالتی ہے کہ کس طرح جرمنی کا بڑا حصہ ہولوکاسٹ کے دنوں میں 'Willing Executioners' بنا تھا، یعنی 'رضا کارانہ طور ہر قاتل' بنا تھا۔ گولڈ ہیگن نے اس واقعہ کی جڑوں کو گزشتہ صدیوں میں جرمن سیاسی ثقافت میں رفتہ رفتہ جڑیں جماتے ہوئے ایک انوکھے اور متشدد Eleminationist Antisemitism میں دیکھا تھا۔

عام لوگوں کے لیے اپنے ہی پڑوسیوں یا اپنے ہی ہم وطنوں کے قتل عام میں شراکت یا ایسے مسئلوں پر برتے جا رہے اغماض کے تجزیے پر مرکوز اس کتاب میں مصنف نے لکھا تھا:

"ظالموں کا مطالعہ پھر اس بات کا مطالبہ کرتا ہے کہ ہم نازی دور میں اور اس کے پہلے کے جرمن معاشرے کی ہیئت کا تجزیہ کریں، اس کا نئے سرے سے تصور کریں۔ ہولوکاسٹ یعنی وہ خونی دور جب نسل کشی کی منظم مہم جاری تھی، یقیناً نازی دور میں جرمن معاشرے کو متعارف کرتی ہے۔ جرمن معاشرے کا کوئی بھی اہم پہلو اس یہودی مخالف پالیسی سے متاثر ہونے سے محفوظ نہیں رہا؛ معیشت سے لے کر معاشرے تک، سیاست، ثقافت، مویشیوں کو پالنے والوں سے لے کر تاجروں تک۔ جرمن معاشرے کا کوئی بھی تجزیہ، اس کی سمجھ داری وغیرہ کے بارے میں بات نہیں کی جا سکتی، جب تک ہم یہودیوں کہ نسل کشی کے باب کو مرکز میں نہ رکھیں۔ اس

پروگرام میں ابتدائی حصے، جرمن معاشی اور سماجی زندگی سے یہودیوں کا اخراج، کھلے عام عمل میں لایا گیا، جب کہ جرمن سماج کی اکثریت اسے واجب اور جائز ٹھہرا رہی تھی۔ جرمن سماج کے سبھی حصے، قانونی، صحت عامہ اور تدریسی پیشوں سے وابستہ لوگ کیتھولک یا پروٹسٹنٹ سبھی معاشی، معاشرتی اور ثقافتی گروہ اور ادارے سبھی شامل تھے۔ ہزاروں لاکھوں جرمنوں نے اس نسل کشی میں اپنا تعاون دیا تھا اور مطلق العنانیت کے وسیع نظام کی، جس کی علامت ایذارسانی کیمپ تھے، مضبوط تھے۔ نسل کشی کو چھپا کر رکھنے کی نازی حکومت کی آدھے ادھورے دل سے کی گئی کوششوں کے باوجود بیشتر جرمن اس نسل کشی سے واقف تھے۔ ہٹلر نے اعلان کیا تھا کہ جنگ کا اختتام یہودیوں کے خاتمے پر ہوگا اور اس قتال کو بارے ایک عام متفقہ رائے تھی۔ جنگ کے علاوہ کوئی بھی دیگر پالیسی، جو اسی سطح کی تھی، کو اتنی ہی دل جمعی اور جوش سے اور کم دقتوں کے ساتھ نافذ کیا گیا۔ ہولوکاسٹ نہ صرف بیسویں صدی کے وسط میں یہودیوں کی تاریخ کو متعارف کرتا ہے بلکہ جرمنوں کی تاریخ کو بھی، جب کہ ہولوکاسٹ نے یہودیوں کو ہمیشہ کے لیے بدلا اور اس کا عمل ممکن ہوسکا کیوں کہ میرا ماننا ہے کہ جرمن پہلے ہی بدل چکے تھے۔''

نازی ازم کو شکست ملے، ہٹلر کا نام ونشان تک ختم ہوئے پچھتر سال گزر گئے، تو بھی جرمن معاشرہ اسے اپنی یادوں سے فراموش نہیں کرسکا، یہ بات غیر معمولی ہے۔

ویسے یہ سلسلہ جرمن معاشرے میں کس طرح جاری رہا ہے، اسے ہم عام شہریوں کے انٹرویوز یا بیانوں میں بھی دیکھ سکتے ہیں۔ برطانیہ کے مشہور اخبار 'گارڈین' میں کسی برونی دے لاموٹے کی یادیں شائع ہوئی تھیں۔ نوے کے پہلے جرمنی دو حصوں میں منقسم تھا، ایک تھا مغربی جرمنی، جو امریکہ کی قیادت والے خیمے کا حصہ تھا جب کہ مشرقی جرمنی، سوویت روس کی قیادت والے 'پیپولز ڈیموکریسی' کا حصہ تھا، کے اپنے تجربوں کے بارے میں لکھتے ہیں:

''میں جرمن ڈیموکریٹک ری پبلک میں پیدا ہوا۔ ہماری اسکولی کتابوں میں نازی دور پر کافی مواد تھا اور یہ بھی بتایا جاتا تھا کہ انھوں نے جرمن قوم کے ساتھ اور بیشتر یورپ کو کس قسم کی تباہی میں دھکیلا۔ اپنی اسکولی تعلیم کے دنوں میں ہر طالب علم کو کم از کم ایک مرتبہ ایذارسانی کیمپ دیکھنے کے لیے ضرور لے جایا جاتا تھا، جہاں ان کیمپوں میں رہ چکے لوگ تفصیلاً بتاتے تھے کہ وہاں کیا کیا ہوتا تھا۔ مشرقی جرمنی میں نازی دور کے تمام ایذارسانی کیمپ ایک طرح سے یادگار کی شکل میں محفوظ رکھے گئے تھے۔''

جرمن معاشرے کی یادوں میں آج بھی کہیں نہ کہیں درج اس نازی دور کے بارے میں اور اس سے باہر نکلنے کے لیے وہاں مسلسل جاری کارگزاریوں کے بارے میں جناب فرانسسکو سے کافی بات ہوئی۔ وہ ایک ملٹی نیشنل کمپنی میں بطور انجینئر کام کررہے تھے۔

ہم جس بس میں سوار تھے، اسی بس میں وہ اور ان کی شریک حیات سوار تھے، جو ہائیڈل برگ جا رہی تھی، ہاں وہی ہائیڈل برگ جہاں جرمنی کا سب سے پرانا اور یورپ کی سب سے معروف یونیورسٹیوں میں شمار

یونیورسٹی ہے، جو 1936 میں قائم ہوئی تھی۔

بون سے تقریباً پانچ سو کلومیٹر دور کا سفر تھا اور جرمنی کے مشرقی حصے سے وہاں گھومنے آئے فرانسسکو جوڑے کے لیے ہم ہندوستان کے بارے میں بتا رہے تھے اور انھوں نے جرمن سماج اور ماضی کا مکمل خزانہ گویا ہمارے سامنے کھول دیا تھا۔

انھوں نے ہمیں بتایا کہ کس طرح جرمن معاشرے کو نازی دور کے بارے میں اور اس میں اس کی شمولیت کے بارے میں بتاتے رہنے میں میڈیا نے بہت مثبت رول ادا کیا ہے، اسکولی تعلیم کا اہم کردار رہا ہے، انھوں نے ہمیں یہ بتا کر تھوڑا حیران کر دیا ہے کہ جرمن معاشرے کے بڑے حصے میں آج بھی آپ کو اس احساس جرم کا جذبہ ملے گا کہ تیس چالیس کی دہائی میں بہت کچھ غلط ہوا تھا، جب کہ ذاتی طور پر ان کا اس میں کوئی کردار نہ رہا ہو، حتیٰ کہ ان میں سے بیشتر اس وقت پیدا بھی نہیں ہوئے ہوں گے۔

بلاشبہ اس میں کوئی دو رائے نہیں کہ جرمنی کے دونوں حصے، جو دوسری جنگ عظیم کے خاتمے کے بعد مغربی جرمنی اور مشرقی جرمنی میں منقسم تھا، جہاں امریکہ اور سوویت روس کی قیادت میں ان معاشروں سے نازی ازم کے بیجوں کو معاشرے، ثقافت، میڈیا، عدلیہ، سیاست سے ختم کرنے میں اپنی اپنی سطح پر کوشش کی، لیکن یہ نہیں کہا جا سکتا کہ صرف ان بیرونی طاقتوں کے سبب ہی وہاں Denazification کا سلسلہ تیز ہوا، یہ حقیقت ہے کہ لوگوں نے اپنے ماضی کے بارے میں خود ایک تنقیدی رخ اختیار کیا۔

ویسے اس بارے میں ایک سویڈش شخص جو مغربی یورپ کے ایک ملک کے سفارت خانے کے افسر تھے، ایک چھوٹی سی ملاقات کافی سبق آموز تھی۔

ہندوستان میں ہٹلر کی سوانح عمری The Mein Kampf (میری جدوجہد) کی حیرت انگیز دستیابی پر انھوں نے بتایا تھا کہ اس متنازعہ کتاب پر خواہ یورپ کے تمام حصوں میں پابندی نہ لگی ہو، لیکن وہ دستیاب نہیں ہوتی ہیں اور خود جرمنی میں تو اس کتاب کی دوبارہ اشاعت پر پابندی بھی لگ چکی تھی۔ ان کے مطابق خود جرمنی کے اندر طویل عرصے تک نازی دور کی تمام علامتوں، یاد کرنے لائق چیزوں پر پابندی تھی جو رفتہ رفتہ کمزور پڑتی گئی ہے۔ کتاب کی عدم دستیابی دراصل حکومت کی طرف سے ایک شعوری قدم تھا تا کہ لوگ کتاب کے نسل پرستی کے نعروں سے واقف نہ ہوں۔

ہٹلر کے دور کی میعاد کے ختم ہونے کے ٹھیک ستر سال بعد یہ پابندی ہٹا دی گئی (2015) اور اس کتاب کا نیا annotated ایڈیشن جاری ہوا، جسے 'Institute of Contemporary History' نامی ایک سرکاری ادارے کے ذریعہ چھاپا گیا، جو اصل دستاویز سے کافی بڑا تھا، جس میں ڈھیر سارے حوالے تھے اور دیگر معلومات تھیں تا کہ اس کتاب کو پڑھ کر لوگ گمراہ نہ ہوں۔

ہائیڈل برگ سے بون واپسی کے سفر میں ہم تینوں پورے جرمن معاشرے کے اس الگ قسم کے احیا

پر بات کر رہے تھے۔

ہم اسی بات پر آپس میں گفتگو کر رہے تھے کہ کیا ایسے سلسلے کا تصور جنوبی ایشیا کے اس حصے میں کی جا سکتی ہے جہاں ذات پات، طبقہ، جنس اور مذہب کے نام پر تشدد کا ظہور اور اس کے فروغ کا سلسلہ جاری رہتا ہے، جس کا سب سے بڑا اظہار تقسیم کے وقت میں ہوا تھا، جب آپسی خونریزی میں دس سے بیس لاکھ لوگ مارے گئے تھے اور جس نے تاریخ کے سب سے بڑے مائیگریشن کو جنم دیا تھا جب ایک سے ڈیڑھ کروڑ لوگ اپنے اپنے مکانوں، دکانوں، اپنے اجداد کے وطن کو چھوڑ کر بے گھر کر دیے گئے تھے اور زمین کے اس حصے میں جا کر آباد ہو گئے تھے جہاں ان کا اپنا کوئی نہ تھا۔

کیا سرحد کے دونوں طرف کے لوگ ایسی 'یادگاریں' کو اپنے ہاں بھی بنانے کا سلسلہ تیز کر پائیں گے تاکہ وہ نہ صرف خود کو یاد رکھ سکیں کہ کیا ہوا تھا بلکہ آنے والی نسلوں کو بھی بتاتے رہیں کہ 'ایسا ناپسندیدہ انسان مخالف تشدد اب اور نہیں۔'

سنا ہے کہ امرتسر میں 2015 میں پارٹیشن میوزیم کی تعمیر ہوئی ہے۔

سبھی جانتے ہیں کہ یہ تقسیم جس نے انسانی تاریخ کے سب سے بڑے Mass Imigiration کو جنم دیا، جس میں لاکھوں کی تعداد میں سبھی فرقے کے لوگ مارے گئے، ان سبھی کو یاد کرنے کے لیے تقریباً ستر سال تک ایسی کوئی یادگار سرحد کے اِس پار اور اُس پار موجود نہ تھی۔

جانکاروں کے مطابق، اس میں تقسیم میں ہجرت کرنے والوں کی یادوں کو وہاں چھوٹی چھوٹی چیزیں، برتن، کپڑوں سے سجایا گیا ہے۔ تقسیم کیسے ہوئی، اس سے متعلق تمام مواد بھی رکھا گیا ہے اور تقسیم کے وسیع المیے کے تناظر میں فنکاروں کی کچھ عہد ساز فن پارے بھی رکھے گئے ہیں۔

اگر ہم اپنے ماضی سے سبق لینا چاہتے ہیں اور واقعی انسانی تشدد کے دور کو ہمیشہ کے لیے ختم کرنا چاہتے ہیں، تو کیا یہ ضروری نہیں کہ اپنے ماضی کے ایسے تمام سیاہ صفحات کو ہم فراموشی کا شکار نہ ہونے دیں۔ ہم ان کے بارے میں سوچیں کہ آخر ایسا کیسے ہوتا کہ اچھے خاصے بھلے لگنے والے لوگ کسی صبح قاتل بن کر اپنے ہی پڑوسیوں کو قتل کر دیتے ہیں اور پھر سب کچھ بھول جاتے ہیں۔

کیا کسی خود فراموش شخص کی، سماج کا تصور بھی کیا جا سکتا ہے جسے گزرا ہوا کل یاد نہ ہو، جو ہر روز نئی شروعات کرتا ہو۔ ایسے شخص، ایسے لوگ کسی ڈسٹوپیائی ناول میں ضرور مل سکتے ہیں۔

یہ یادیں ہی تو ہیں، اچھی، بری، کھٹی میٹھی، جو انسان کو کچھ نہ کچھ بہتر کرتے رہنے کی تحریک دیتی رہتی ہے ورنہ کیا ان کے بغیر کسی تہذیب، معاشرہ اور مستقبل کا تصور بھی کیا جا سکتا ہے؟

[بشکریہ 'سمالوچن'، 3 فروری 2021]

ایران میں کتابوں پر سینسر شپ

یادویندر

ترجمہ: احتشام الحق آفاقی

زیر نظر مضمون ایرانی انقلاب کے بعد ابھرے شدت پسند مذہبی حکومت کے ذریعہ ادب پر سینسر شپ کے سلسلہ میں ہے۔ اس میں بالخصوص خواتین کی ادبی سرگرمیوں کو مرکز میں رکھا گیا ہے۔ اظہار رائے پر پابندی ادب اور سماج کے لیے کتنا خطرناک ہے اور قلم کاروں کے لیے کتنا خطرناک ہوسکتا ہے، اس فکر انگیز مضمون کو پڑھ کر سمجھا جاسکتا ہے۔

کیا بلبل نے گانے کی اجازت کبھی مانگی ہے؟

1979 کا انقلاب ایران کے تہذیبی تاریخ میں ایک انقلابی واقعہ ہے۔ امریکہ نواز شاہ کے خلاف طویل جدو جہد میں ترقی پسند، سیکولر اور لبرل تنظیموں کے ساتھ ساتھ شدت پسند مذہبی طاقتیں بھی شامل تھیں لیکن دیکھتے دیکھتے ان بنیاد پرست شدت پسند مذہبی طاقتوں کے ہاتھ میں ملک کی باگ ڈور چلی گئی۔ اس کی پہلی شکار تہذیبی کشادگی ہوئی اور اسلامی اخلاقیات کے نام پر سب کچھ ایک بنے بنائے بنیاد پرست راہ پر چلانے کا جابرانہ اور ظالمانہ نظام کی توسیع کر لی گئی جس میں جدیدیت اور اختیاری تصور نظام کی کوئی جگہ نہ تھی۔

یہاں ہم ایران میں شائع ہونے والے لٹریچر کے سخت سنسر شپ کے نظام اور مختلف سطحوں پر اسے توڑنے کی پُرخطر کوششوں کی کچھ واضح مثالوں پر بات کرتے ہیں۔ 1979 سے 1986 تک پبلشروں کی یہ ذمہ داری تھی کہ وہ سیلف سینسر شپ کے مطابق کام کریں جس سے ملک کے قانون اور اخلاقیات کی ہر طرح سے حفاظت کی جائے۔

1995 میں ایک فارسی رسالہ نے ایک کتاب کے بارے میں لکھا جسے پبلشر نے وزارت ثقافت اور اسلامی ہدایات کی اجازت کے بعد شائع کیا تھا۔ جریدہ کے مطابق اس میں قتل اور تشدد کی تفصیلات کے ساتھ ساتھ غیر اخلاقی جنسی تعلقات پر بحث تھی۔ کچھ مذہبی لیڈران نے اسے اسلام مخالف بتایا جس کا نتیجہ یہ ہوا کہ مہینے بھر کے اندر اسے بیچنے والی کتاب کی دکان جلادی گئی اور اس کے لیے کسی کو ملزم نہیں پایا گیا۔

اس واقعے پر طویل بحث کے بعد وزارت نے 1997 میں کتابوں کی اشاعت کے مقاصد اور رہنما اصول جاری کیے جن میں بنیادی طور پر الحاد، اخلاقی بدعنوانی، غیر قانونی رجحانات، اسلامی جمہوریہ کے خلاف بغاوت، مختلف برادریوں کے درمیان دشمنی، حب الوطنی کا کمزور کرنے کی سرگرمیاں پر پابندی عائد کردی گئی۔ فحش تصاویر اور عکاسی، کمیونزم یا بادشاہت کی حمایت، اور اسرائیل اور امریکی استعمار کی حمایت سختی سے ممنوع قرار دے دیا گیا۔ ان رہنما خطوط کے بعد بھی قانونی پوزیشن واضح اور متعین نہیں ہے۔ یہی وجہ ہے کہ ذاتی تعصّبات کا زبردست بول بالا ہے۔

2016 میں شائع ہونے والے اپنے پی ایچ ڈی کے مقالے میں سیما شریفی نے اسلامی انقلاب کے بعد ایران میں نافذ ہونے والی سنسرشپ کے بارے میں بڑی تفصیل سے لکھا ہے۔ ان کے مطابق احمدی نژاد کی 2005 سے 2013 تک آٹھ سالہ صدارتی حکومت ایک ایسی حکومت تھی جس نے سخت سنسرشپ نافذ کی تھی لیکن اس میں بھی ذاتی تحفظات کا بول بالا تھا۔ سیکڑوں کتابوں کو شائع کرنے کی اجازت دے دینے کے کچھ عرصے بعد نہ صرف بازاروں اور لائبریریوں سے ضبط کرلیا گیا بلکہ اس کی اشاعت سے وابستہ تمام لوگوں کو سزا بھی دی گئی۔ انھوں نے اپنے مقالے میں ایرانی مصنف احمد رجب زادہ کا متعدد جگہوں پر حوالہ دیا ہے، جنھوں نے 1996 میں 1400 غیر افسانوی کتابوں کا مطالعہ پیش کیا جن پر سنسر کی قینچی چلی۔ اپنے مطالعے کی بنیاد پر، انھوں نے یہ نتیجہ اخذ کیا کہ سینسر کی نظر میں ممنوع الفاظ میں تین چوتھائی محبت، زنانہ حسن، زنانہ جسم کی وضاحت اور جوئے سے متعلق تفصیل ہیں، اور ان کا فرمان ہوتا ہے کہ ان الفاظ کو یا تو ہٹا دیا جائے یا بدل دیا جائے۔

ایک کتاب کے سلسلہ میں سینسر نے حکم دیا 'کامریڈ' کو بدل کر 'دوست' کیا جائے کیونکہ 'کامریڈ' لفظ کا استعمال مارکسوادی کرتے ہیں۔ رجب زادہ اپنے جامع مطالعہ کی بنیاد پر کہتے ہیں کہ اسی طرح 'میخانہ' کو 'کیفے'، 'محبت میں گرفتار ہونے' کو 'لطف اندوز ہونا'، 'عاشق' کو 'دوست'، 'محبت کرنے' کو 'دوستی کرنا'، 'ڈانس پارٹنر' کو 'ہم گفتگو'، 'خنزیر کے گوشت' کو 'گائے کا گوشت'، 'شراب' کو 'سافٹ ڈرنک' لکھنے کی ہدایت ایرانی سینسر دیا کرتا ہے۔

وہ آگے لکھتے ہیں کہ سینسر نے ایک مسودہ سے یہ جملہ ہٹانے کا حکم دیا تھا: ''اس رات میری بیٹی کو پہلی بار ماہواری ہوئی۔'' دوسری کتاب میں 'سہاگ رات' کو سماج کے لیے مضر بتایا گیا۔ ایک مسودہ سے ''سرخ مخمل کے اپنے ڈریس پر سفید اسکارف پہنے ہوئے وہ کسی سرخ گلاب سے زیادہ خوبصورت لگ رہی تھی۔'' یہ جملہ ہٹانے کا حکم دیا گیا۔ گاندھی کی ایک فوٹو پر سینسر کو اعتراض تھا، اس نے لکھا: ''یہ فوٹو کتاب سے ہٹائی جائے، یہ بندہ

آدھا ننگا ہے۔'' ایک ناول سے یہ جملہ ہٹانے کا فرمان جاری کیا گیا: ''اس نے اپنے پیسوں کو لے کر چوم لیا۔''

2003 میں آذر نفیسی نے یونیورسٹی میں اپنے انگریزی تدریسی تجربے کی بنیاد پر خودنوشت 'ریڈنگ لولیتا اِن تہران' لکھی۔ انھوں نے تدریس کے دوران ایرانی سینسر کی پابندیوں کی دیوار کے بیچ 'دی گریٹ گیٹسبی' (ایف اسکاٹ فٹ جیرالڈ) اور 'ڈیزی ملر' (ہنری جیمس) جیسے ناولوں کو پڑھانے میں دقت محسوس کی اور اس کے بارے میں تفصیل سے لکھا: "آپ گیٹسبی اس لیے نہیں پڑھتے کہ آپ کو معلوم ہو کہ زنا (ایڈلٹری) اچھا ہے یا برا بلکہ اس لیے پڑھتے ہیں کہ زندگی میں جنسی تعلق، ازدواجی وفاداری (فائڈیلیٹی) اور شادی کتنے الجھے ہوئے اور نازک ایشوز ہیں، اس کی اہمیت معلوم ہو۔ کوئی عظیم ناول زندگی گزارنے کی ترکیب میں قارئین کی فکر کو اور حساسیت کو زیادہ نکھارتا ہے۔ اتنا ہی نہیں یہ آپ کو ہمیشہ خود کو درست ماننے والی خوش فہمی کے اخلاقی قدروں کی جال میں پھنسنے سے روکتا بھی ہے۔ جہاں سب کچھ یا تو صحیح ہوتا ہے یا پھر غلط۔''

آذر نفیسی کہتی ہیں: ''ہم ایرانیوں کی قسمت گیٹسبی کی قسمت سے کتنی ملتی جلتی ہے۔ وہ اپنے سپنے بار بار ماضی میں لوٹ کر پورا کرنا چاہتا تھا اور ایسا کرتے ہوئے آخر میں اسے یہ پتہ چلا کہ ماضی کی تو موت ہو چکی ہے، حال صرف ایک چھلاوا ہے اور مستقبل کا دور دور تک کوئی نام ونشان نہیں نظر آتا۔ کیا یہ ایرانی انقلاب کے ساتھ پوری طرح سے ملتا جلتا نہیں ہے؟ یہ انقلاب ہمارے اجتماعی ماضی کے نام پر شروع کیا گیا اور ایک خواب کے نام پر ہماری زندگی کو نیست نابود کر ڈالا گیا۔

''جب اساتذہ کے پر یہ توپ تنی رہے کہ ہیمنگوے کی کہانی سے شراب لفظ ہٹا کر طلبا کو پڑھایا جائے تو کیسے امید کی جاسکتی ہے کہ وہ اپنے کام پر پورا دھیان مرکوز کر پائیں گے؟ ہم ایسی تہذیب میں رہ رہے تھے جس میں کسی ادبی تخلیق کا معیار اور اس کا مرتبہ کوئی معنی نہیں رکھتا تھا بلکہ حکومت کے نظریے کی آنکھ بند کر کے پیروی کرنا ہی سب سے بڑی قابلیت سمجھی جاتی رہی ہے۔''

غیر معقول پابندیوں کی وجہ سے، آذر نفیسی نے یونیورسٹی سے استعفیٰ دے دیا اور دنیا بھر کے ادبی کلاسک پر بات کرنے کے لیے ایک زیر زمین کتابی گروپ تشکیل دی جس میں ادبی کلاسک پر مکالمہ کیا جاتا تھا۔ انھیں ولادیمیر نابوکوف کا ناول 'لولیتا' ایسی صورت حال میں بہت متعلقہ محسوس ہوا۔ اس میں جس طرح سے 12 سالہ لڑکی لولیتا بڑی عمر کے ہمبرٹ کی فنتاسی کا شکار ہو جاتی ہے... نفیسی نے محسوس کیا کہ ایران میں ہر شخص حکومت کی فنتاسی کا ویسا ہی شکار ہے۔ یہاں کی حکومت ہر کسی کو وہی کردار ادا کرنے دینا چاہتی ہے جو اسے پسند ہو اور اسے کسی قسم کی متبادل غور وفکر قبول نہیں۔

''ایسے ماحول میں کوئی کیسے پڑھا سکتا ہے جب یونیورسٹی کا پورا زور تدریس کے معیار پر نہ ہو کر کسی ہونٹوں کے رنگ پر رہے یا صرف بالوں کی ایک پتلی لٹ کے حجاب سے باہر نکل جانے پر ہو... اور یہ گناہ بن جائے۔''

''جب کمرے میں لڑکیاں جمع ہوتیں تو ہمیں محسوس ہوتا کہ ہم ایک بار پھر سے زندہ ہو گئیں، سانس لینے

والے انسانوں میں تبدیل ہوگئیں۔ حکومت چاہے جتنی بھی جابر ہو، کتنا بھی ہم پر پابندی لگانے یا ڈرانے دھمکانے کی کوشش کرے، لولیتا کی طرح ہم اپنے باہر نکلنے کا راستہ نکال ہی لیں گے اور اپنی آزادی کے چاہے چھوٹے چھوٹے سنسار ہی ہوں، اس کی تعمیر کر ہی لیں گے۔ یہ کتنا خوشگوار ہے کہ جب آپ سے سبھی امیدیں چھین لی جائیں تو چھوٹی سے چھوٹی کھڑکی بھی آپ کو عظیم آزادی جیسی لگتی ہے۔ اس کمرے میں جب ہم ایک ساتھ ہوتے تھے تو ہمیں محسوس ہوتا تھا کہ ہم دنیا کے تمام بندھنوں اور پابندیوں سے آزاد ہو گئے ہیں۔''

لیکن ناول 'لولیتا' ہی کیوں؟ انھوں نے نوبوکوو کا انتخاب اس لیے کیا کیونکہ ان کی نثر کی خوبصورتی (اور کئی بار مشکل بھی) صرف انگریزی کے قارئین کو میسر تھی۔ اپنے کلاس میں وہ 'لولیتا' جیسی بچی کی زندگی اور پہچان، ہمبرٹ جس طرح جبراً چھین لیتا ہے، اسے ایرانی خواتین کی زندگی پر اسلامی شدت پسندوں کے قبضے کے ایک استعارہ کے طور پر سمجھاتی تھیں۔ مثلاً آذر نفیسی کہتی ہیں، ناول کا بوڑھا ہیرو لولیتا پر جسم کا جادو چلا کر اسے اپنے جال میں پھانسنے اور گمراہ کرنے کا الزام لگاتا ہے، ویسے ہی ایران کے مذہبی کٹھ ملے گھر سے باہر قدم نکالنے والی وہاں کی آزاد خیال عورتوں پر دن رات الزام لگاتے رہتے ہیں۔

ایران میں پیدا ہوئی اور پروان چڑھی شاعرہ رباب محب ایران میں لکھنے پڑھنے پر پابندی اور سینسر کے شکنجے سے تنگ آ کر 1992 میں سویڈن جا کر بس گئیں۔ ایران میں رہتے ہوئے وہ نہ صرف ملک کی حکومت کا لکھنے پڑھنے پر شکنجہ کسنے سے پریشان تھیں بلکہ اپنے شدت پسند والد سے بھی، جنھیں ان کا شاعری کرنا بالکل ناپسند تھا۔ بہت ساری ایسی نوجوان شاعرہ ہیں جنھوں نے اس طرح کی مشکلیں جھیلی ہیں اور اس سے بچنے کے لیے وہ اپنی شناخت چھپا کر نامعلوم نام سے شاعری کرتی رہیں۔ 1997 میں انھوں نے فارسی شاعری کے ایک مجموعے کا مسودہ طباعت کے لیے ایران میں وزارت ثقافت اور اسلامی ہدایات کو جمع کی لیکن 2005 تک انھیں اس کا کوئی جواب نہیں ملا۔ بعد میں انھیں پتہ چلا کہ کتاب کو شائع کرنے کی اجازت دے دی گئی ہے۔ اہم بات یہ ہے کہ جب کتاب چھپ کر ان کے ہاتھ میں آئی تو انھوں نے دیکھا کہ مجموعے سے ان کی کچھ نظمیں ہٹا دی گئی ہیں، کئی نظموں میں ان کے لکھے الفاظ بدل کر کچھ اور کر دیے گئے ہیں، کئی مصرعوں کی ترتیب بدل دی گئی ہے، جنھیں دیکھ کر انھیں لگا کہ نظموں کی روح اور روانی فنا ہو گئی۔ وہ کہتی ہیں کہ شائع شدہ نظموں کو دیکھ کر انھیں حیرانی ہوئی کہ ایسی کئی سطریں جو فکر انگیز تھیں اور جمود کو مسترد کرنے کا مطالبہ کرتی تھیں، انھیں جوں کا توں چھوڑ دیا گیا تھا لیکن کئی ایسی سطریں اور الفاظ جن میں کوئی خاص آگ یا دھار نہیں تھی، انھیں بدل دیا گیا یا پوری طرح سے ہٹا دیا گیا تھا۔ اسے دیکھ کر انھیں لگتا ہے کہ سینسر کی پوری کارروائی بے سمت اور بغیر کسی مقصد کے کی جاتی ہے۔

رباب محب کہتی ہیں: ''میں نے خود جس طرح کی سینسر شپ جھیلی ہے، دراصل سینسر شپ اس سے بھی زیادہ بھیانک ہوتی ہے۔ یہ حکومت کی محض سنک ہے جس میں کسی طرح کی معقولیت کا دخل نہیں ہے۔''

اپنی بات کی تائید میں وہ کہتی ہیں کہ اس طرح کی بے سمت سینسر شپ کا ہم عصر فارسی شاعری پر بہت برا

اثر پڑا ہے کیونکہ شاعر سچ میں جو کہنا چاہتا ہے اسے سینسر کے ڈر سے سچے اور واضح طور پر لکھ نہیں سکتا۔ ہر وقت شاعر کی یہی کوشش ہوتی ہے کہ اس کا اصلی مقصد ایک دھند لکے کی اوٹ میں چھپا رہے جس کا نتیجہ یہ ہوتا ہے کہ شاعری مسلسل حقیقت سے دور ہوتی چلی جاتی ہے۔

''اس طرح کی پابندیوں سے سبھی طرح کا پیار صرف تمثیلی اور علامتی ہو کر رہ گیا ہے اور شاعری میں سبھی لفظ ایسے استعارے کے طور پر سجائے جانے لگے ہیں جیسے ان کا اس دنیائے حقیقت سے کوئی واسطہ ہی نہیں۔''

(http://www.article19.org/data/files/pdfs/publications/iran-art-censorship.pdf)

ایران میں ممنوعہ لٹریچر اور جلاوطنی کی زندگی گزارنے والے ایرانی مصنفین کی تخلیقات شائع کرنے والا فارسی دارالاشاعت 'نوگام' کے بانی آزادہ پرساپور نے کچھ بین الاقوامی اشاعتی اداروں کے ساتھ مل کر 2016 میں 'تہران بک فیئر اَن سینسرڈ' کے نام سے سالانہ کتاب میلے کے انعقاد کا آغاز کیا۔

ایران میں رہتے ہوئے، آزادہ نے کئی مطبوعات اور رسائل کے کاپی ایڈیٹر کے طور پر کام کیا۔ اس کے بعد وہاں اظہار رائے کی آزادی کے جبر سے تنگ آکر وہ 2010 میں برطانیہ چلی گئیں، جہاں انھوں نے اپنا آزاد اشاعتی سرگرمیاں شروع کیں۔

اپنے نام کے بارے میں وہ بتاتی ہیں کہ ایران میں جب شاہ کے تختہ پلٹ کے بعد 1979 کی کرانتی ہوئی تو بہت سارے لوگوں نے اپنے بچوں کے نام آزادہ رکھا، آج ایک پوری نسل ہے اس نام کی۔ ہمارے والدین نے یہ امید کی تھی کہ اس نام کے ساتھ ان کی زندگی میں بھی آزادی اور بہتری آئے گی۔

جس طرح کا کام وہ ایران میں رہتے ہوئے کرنے کے بارے میں سوچ بھی نہیں سکتی تھیں، ویسا کام وہ اب کر پا رہی ہیں، اسے یاد کرتے ہوئے وہ کہتی ہیں کہ اپنے نام آزادہ کا مفہوم مجھے اب سمجھ میں آ رہا ہے۔

وہ بتاتی ہیں کہ اپنے اشاعتی ادارہ سے جو ادب وہ شائع کرتی ہیں ان میں سے نصف ایسا ہوتا ہے جو ایران میں رہنے والے مصنفین چوری چھپے انھیں دستیاب کراتے ہیں، بقیہ نصف کتابیں ان مصنفین کی ہوتی ہیں جو ایران سے جلاوطن ہو کر دوسرے ملکوں میں رہ رہے ہیں اور اپنی کتابیں ایران میں سینسر شپ کی وجہ سے نہیں شائع کرا سکتے۔ وہ صرف فارسی کی کتابیں چھاپتی ہیں کیونکہ ان کا ہدف بھی ایرانی قارئین تک رسائی ہے۔ وہ پرنٹ اور ڈیجیٹل دونوں طرح کی کتابیں چھاپتی ہیں۔ اپنی کتابوں کے ای بک ایڈیشن، ایران کے اندر بلا قیمت قارئین کو میسر کراتی ہیں۔

آزادہ کہتی ہیں: ''میں اپنی جلاوطنی برطانیہ میں کاٹ رہی ہوں، اور ایران نہیں جا سکتی۔ لیکن باہر رہتے ہوئے بھی میں اظہار رائے کی آزادی اور انسانی حقوق کے متعدد پروجیکٹ میں شامل ہوں۔ ان کے نام کا خلاصہ کرنا تحفظ کے پیش نظر مناسب نہیں کیونکہ ایرانی حکومت کی قبولیت ان کے ساتھ نہیں ہے۔''

اپنے اشاعتی منصوبے کے بارے میں ایک انٹرویو میں انھوں نے بتایا:

''ایک بات جس کی مجھے بہت زیادہ فکر ہے، وہ یہ ہے کہ ایران لوٹنا میرے لیے جتنا خطرناک ہو سکتا ہے، اتنا ہی خطرہ ان لوگوں کے لیے بھی پیدا کر سکتا ہے جن کے ساتھ اپنے اشاعتی ادارہ کے لیے میں کام کر رہی ہوں۔ ایران میں رہنے والے کسی مصنف کے لیے جو حکومت کی مخالفت کرتا ہو اور جس کی کوئی کتاب فارسی میں چھپے اور چوری چھپے ہی سہی، انڈر گراؤنڈ مارکیٹ میں ہی سہی، لیکن ایرانی قارئین کو دستیاب ہو، نظر آئے اور لوگوں تک پہنچے؛ یہ اس مصنف کے لیے بہت بڑی مشکل پیدا کر سکتا ہے، اس کی جان پر بھی بن سکتی ہے۔

''اپنے کام کے لیے مجھے ایران کے ساتھ اپنے جذباتی رشتہ کے ٹوٹ جانے کی قیمت چکانی پڑی اور میں اب اپنے گھر کبھی نہیں لوٹ سکتی۔ لیکن میں ایک آزاد ملک میں رہ رہی ہوں، اور یہاں میری جان کو کوئی خطرہ نہیں۔ لیکن زندگی کا کوئی قدم ایسا نہیں ہوتا جس میں خطرہ بالکل نہ ہو۔ جب چھ سال پہلے ہم نے 'نوگام' شروع کیا تھا، تب ہم نے سب کچھ داؤ پر لگا دیا تھا۔

''جب ہم کسی مسودہ کو اشاعت کے لیے منتخب کرتے ہیں تو اس کے مصنف کو یہ اختیار دیتے ہیں کہ وہ چاہے تو تحفظ کے پیش نظر فرضی نام سے اپنی کتاب چھپوائے۔ لیکن اب تک جو 41 کتابیں ہم نے شائع کی ہیں، ان میں سے دو یا تین ایسے مصنف ہیں جنھوں نے ہمارا دیا ہوا یہ اختیار قبول کیا، باقی نے اپنے اصلی نام سے ہی کتاب چھپوائی۔ کوئی ضروری نہیں کہ کتاب کا موضوع بہت اشتعال انگیز اور متنازعہ ہو لیکن بہر حال احتیاط تو لازمی ہے۔ ان مصنفین نے مجھ سے کہا کہ یہ ہمارا کام ہے، ہمارا لکھا ہوا ہے اور اپنے نام سے اسے چھپوانا چاہتے ہیں۔ انھوں نے 'نوگام' کے ساتھ قدم سے قدم ملا کر کام کیا اور ایسا کرتے ہوئے انھوں نے عدیم المثال جرأت اور فخر کا مظاہرہ کیا۔ لیکن ایک پبلشر کے طور پر مجھے ہمیشہ اپنے مصنفین کی فکر رہتی ہے، ان کے تحفظ پر کسی طرح کی آنچ نہیں آنی چاہیے۔ اکثر میں سنتی ہوں کہ کبھی کسی بلاگر کو پکڑ لیا، کبھی کسی ٹویٹ کی وجہ سے کسی کو پکڑ لیا تو ایسی خبر سن کر میں کانپ جاتی ہوں۔ پہلی بات جو میرے ذہن میں آتی ہے کہ کہیں ان میں سے کوئی ہمارا مصنف تو نہیں۔

''ہمارے جو مصنفین ایران میں رہتے ہیں، انھیں کتاب کے لیے پیسے دینے میں ہمیں بہت دقت آتی ہے۔ مغربی دنیا کا کوئی بینک ایسا نہیں ہے جس کے پاس میں جاؤں اور گزارش کروں کہ وہ ایران میں بیٹھے ہوئے مصنف کو یہ رقم پہنچا دے، مالی ناکہ بندی کے سبب۔ اس لیے ہمیں بہت لمبا اور مشکل لیکن قانونی راستا اپنانا پڑتا ہے۔ ہمیں اپنے سبھی مصنفین کو اس بات کے لیے آگاہ کرتے رہنا ہوتا ہے کہ پبلشر اور مصنف کے درمیان کے قول قرار کے بارے میں کسی کو پتہ نہ چلے۔

''ہم اپنے مصنفین سے کہتے ہیں کہ کتاب کا پرنٹ مت نکالیے... اور اگر نکال لیا تو اپنی میز پر مت چھوڑیے۔ یہاں تک کہ اپنی ہارڈ ڈرائیو میں بھی مت رکھیے... ورنہ حکومت کو پتہ چلنے کے بعد آپ بہت مشکل میں پڑ سکتے ہیں۔ ہمیں بھی اس وجہ سے مسودہ کئی کئی جگہ رکھنا ہوتا ہے اور ہمارا کام عام پبلشر کے مقابلے میں بہت بڑھ

جاتا ہے۔لیکن کتنی بھی احتیاط برت لیں، خطرہ تو سر پر منڈلاتا ہی رہتا ہے، خاص طور پر ان کے ساتھ جواب بھی ایران میں رہ رہے ہیں۔“

2018 میں ایسوسی ایشن آف امریکن پبلشرس کا ایوارڈ حاصل کرتے ہوئے آزادہ نے کہا:”اس اعزاز کا بڑا حصہ ان مصنفین کو جاتا ہے جنھوں نے ہمارے اوپر اٹوٹ بھروسہ کیا۔ وہ ہمیں جانتے تک نہیں تھے، میں نے ان میں سے کسی کے ساتھ شروع کے تین یا چار سالوں تک کوئی بات چیت نہیں کی۔ ان میں سے کسی کو یہ نہیں معلوم تھا کہ وہ جس پبلشر کو اپنی کتاب چھپوانے کو دے رہے ہیں وہ کون لوگ ہیں؟ بس، انھوں نے ہمارا بھروسہ کیا اور اپنے مسودے ہمیں دستیاب کرائے اور ہم نے ان کی کتابیں شائع کیں۔ اور ایسا کرتے ہوئے ان مصنفین نے بڑا جوکھم اٹھایا۔ ہم نے جن مصنفین کی کتابیں شائع کیں، ان میں سے کئی شروع میں دانشورانہ دنیا میں بالکل انجان تھے لیکن آج کی تاریخ میں ان کتابوں کی وجہ سے اپنی ثقافت کے درمیان وہ مقبول نام ہیں۔“

اپنے کام میں پیش آنے والی مشکلوں کی طرف اشارہ کرتے ہوئے آزادہ کہتی ہیں:

”ایسا کام کرتے ہوئے اسٹریوٹائپ ہونے کا بڑا خطرہ پیش آتا ہے۔ جب میں لوگوں سے بات کرتی ہوں، تو بہت سارے لوگ ایسے ملتے ہیں جن کی کتابوں کے موضوع اور مواد پر ایک پیشگی تصور ہوتا ہے اور وہ مانتے ہیں کہ ایران پر ایسی کتابیں فروخت ہوسکتی ہیں۔ مثال کے طور پر وہ کسی ایسی کہانی کے بارے میں کہیں گے کہ ایک عورت گھر سے باہر نکلی، اس نے اپنا حجاب سر پر سے ہٹایا اور اب وہ ایک ’آزاد‘ عورت بن گئی۔ لیکن میں ان خیالوں سے اتفاق نہیں رکھتی۔ کتابوں کے انتخاب میں میرا مخصوص نظریہ ان کے فروخت ہونے کی توقع شامل نہیں ہوتی بلکہ بہترین ادب ہونے سے ہوتی ہے۔ میرے لیے کتاب کے مصنفین کی فنکاری اور ذہانت زیادہ اہمیت رکھتی ہے۔ جس مخصوص علاقہ کی بات وہ کرتے ہیں اس کی تہذیبی و ثقافتی سمجھ پر بھی میرا اصرار رہتا ہے۔“

(http://publishingperspectives.com سے ماخوذ، نومبر 2018)

اکرم پینیڈ رامنیا ایرانی نژاد مصنف اور مترجم ہیں جواب کنیڈا میں رہتی ہیں۔ ایف اسکاٹ فٹ جیرالڈ کی ’ٹینڈر اِز دی نائٹ‘ اور ولادی میر نوبوکوو کی ’لولیتا‘ کے ان کے فارسی ترجمے بے حد مقبول رہے ہیں اور سرکاری پابندیوں کے بعد بھی ایران کے زیر زمین بازار میں خوب فروخت ہونے والی کتابیں ہیں۔ ان کے علاوہ خاصی مقدار میں انھوں نے عالمی ادب کے فارسی ترجمے کیے ہیں اور ایران کے اندر نافذ سینسر شپ کے خلاف لڑائی کے اہم ترجمان ہیں۔

ان کے فارسی زبان میں پانچ ناول شائع ہوئے ہیں۔

’یولسیس‘ کے فارسی ترجمہ کے بارے میں

اکرم پینیڈ رامنیا

ایرانی ناولوں کو دو سطحوں پر لڑنا پڑتا ہے۔ پہلی لڑائی سنسر کے ساتھ ہوتی ہے جو آپ کی رائے کو کنٹرول کرنا چاہتے ہیں۔ ایرانی حکومت کا اس بات پر سخت کنٹرول ہے کہ ملک کی سرحد کے اندر کیا شائع کیا جائے گا، کیسے شائع ہوگا۔ خیالات اور رایوں پر اس قسم کا کنٹرول، جو ایرانی عوام کے شعور کو متاثر کرتا ہے، فارسی ادب پر گہرے اور دوررس اثرات مرتب کرتا ہے۔ مثال کے طور پر یہاں میں جیمز جوائس کے ناول 'یولیسس' کے فارسی ترجمے کی بات کروں گی۔

جب سنسر شپ کو منظم طریقے سے ایک نظام کے طور پر قائم کیا جائے تو اس کا مطلب یہ ہے کہ فارسی ادب کی تمام کثیر جہتی اور متنوع بحثوں کو نظر انداز کر دیا جائے اور اقتدار میں مقتدر طبقے کی ایک ہی بحث کو بحال کر دیا جائے۔ اس کا براہ راست اثر ایران اور ایران سے باہر پوری دنیا میں فارسی ادب کی ایک غلط نمائندہ امیج قائم کرنے اور ایرانی زندگی اور اس کے لوگوں کے سماجی تجربات کے بارے میں غلط اور جھوٹے بیانات پھیلانے پر مشتمل ہوگا۔ گذشتہ دہائیوں میں یہ بھی دیکھا گیا ہے کہ سرکاری سنسر شپ نے فارسی مصنفین کی ایک بڑی تعداد کی تخلیقی صلاحیتوں کا گلا گھونٹ دیا ہے۔

'یولیسس' میں وہ سب کچھ ہے جو اس کے فارسی ترجمے کو سنسر شپ کے دائرے میں لے آئے گا؛ جنس، سیاست، مذہب، شراب نوشی، مرد و خواتین کے تعلقات اور ہم جنس پرست کردار۔ اگر اس کتاب کے فارسی ترجمے کو ایران میں سنسر سے منظور کروانا ہے تو اس کے مترجم کو بہت سے الفاظ اور جملوں کے حقیقی معنی چھپانا ہوں گے، ایک نہیں بلکہ کئی کرداروں کو ابہام کے پردوں کے پیچھے چھپانا پڑے گا اور بہت سے ایسے حصے ہوں گے جنھیں کتاب سے حذف کرنا ہوگا۔ اور ایسا کرتے ہی ہم ایک ناقص اور ادھورا کام فارسی قارئین کے حوالے کرنے پر مجبور ہو جائیں گے۔

میں جیمس جوائس کی اس کتاب کا مکمل اور بغیر سینسر کے ترجمے پیش کر رہی ہوں۔ ایران میں اس کی اشاعت کی اجازت نہیں دی گئی، یہی وجہ ہے کہ یہ کتاب پہلے برطانیہ میں شائع کی گئی اور وہاں سے قانون کی آنکھوں میں دھول جھونک کر یہ ایران میں غیر قانونی ڈھنگ سے تقسیم کی جا رہی ہے۔

شروعات میں غیر ممالک میں رہنے والے ایرانیوں نے اسے ایران کے اندر اپنے دوستوں اور گھر والوں تک پہنچایا۔ اس کے بعد کتابوں کے زیر زمین بازار میں تقسیم کرنے والے کتب فروش اسے پھر سے چھاپ رہے ہیں اور لوگوں تک پہنچا رہے ہیں۔ جلدی ہی ہم اس کا ای بک ایڈیشن لوگوں کو مفت میں آن لائن ڈاؤن لوڈ کرنے کے لیے مہیا کرا دیں گے لیکن یہ سب کرنے کے لیے مترجم کو بھاری قیمت ادا کرنی ہوتی ہے۔ میں ایران سرکار کی سائبر آرمی کے طرح طرح کے دباؤ اور حملے جھیل رہی ہوں، جن کی ہر ممکن کوشش ہے کہ میرے کام کے آن لائن اشاعت کو وہ ناممکن بنا دیں؛ ایران کے اندر اور اس کے باہر بھی۔

دوسری سطح جس پر ایرانی ناولوں کو جدوجہد کرنی پڑتی ہے، وہ عالمی استعمار کے کنٹرول کے خلاف ہے۔

بہت سے ایرانی کارکنان اور مصنفین کو اندیشہ ہے کہ ان کی جبر کے خلاف جدوجہد کو عالمی استعمار کی قوتیں ہڑپ لیتی ہیں اور بعض اوقات تو انھیں مغربی طاقتیں ایران میں براہ راست مداخلت کے لیے ہتھیار کے طور پر بھی استعمال کر رہی ہیں۔ اس لیے ایرانی عوام کی ستم ظریفی یہ ہے کہ ایک طرف انھیں حکومت کی جابرانہ پالیسیوں کا مقابلہ کرنا پڑتا ہے تو دوسری طرف مغربی، استعماری اور عالمی طاقتوں کی مداخلت اور منصوبہ بند تشدد اور دباؤ سے بھی نمٹنا پڑتا ہے۔ جب میں مداخلت کہہ رہی ہوں تو میرا مطلب پابندیاں، فوجی بغاوت، قبضے اور علیحدگی پسند سرگرمیاں ہیں۔ یہ تمام عوامل ایرانی عوام کو درپیش سماجی اور اقتصادی مسائل میں اہم کردار ادا کرتے ہیں۔ ایرانی مصنفین کے طور پر، ہمیں ہمیشہ یہ شک رہتا ہے کہ ہم اپنی حکومت مخالف مہم کے ذریعے ان استعماری طاقتوں کو مضبوط تو نہیں کر رہے ہیں۔

مغربی نوآبادیاتی کا مکالمہ ایرانی معاشرے کو بری طرح سے بکھرے ہوئے اور سماجی طور پر انارکی کا شکار بنا کر پیش کرنے کی کوشش کرتا ہے، اور بدقسمتی سے اس مکالمے کو ایرانیوں کی نظروں سے گزرنے نہیں دیا جاتا ہے۔ یہ عالمی سطح پر مکالمے کو حسب دلخواہ اپنے کنٹرول میں رکھنے کی ایک منصوبہ بند حکمت عملی ہے۔ یہ سمجھے بغیر کہ ایسا ہونے کی وجوہات کیا ہیں، ایرانی معاشرے کو ایک مفلس اور بے سہارا معاشرے کے طور پر مجسم کرنے کا مقصد ہی یہ ہے کہ مغربی طاقتوں کو یہاں مزید سماجی اور معاشی بدحالی پیدا کرنے کا بہانہ مل جائے۔ یہی وجہ ہے کہ ایرانی معاشرے میں سیاسی انتشار کے حوالے سے بار بار فوجی مداخلت کا حوالہ دیا جاتا ہے؛ دنیا بھر سے ایسی مثالیں ظاہر کرتی ہیں کہ مقبوضہ ممالک کے لوگوں کو کس قسم کا ناقابل تصور وحشیانہ تشدد برداشت کرنا پڑتا ہے۔

مغربی سماجی طاقتیں، جن میں کئی باریک ارادوں والے تنظیمیں بھی ہوتی ہیں، ہماری مزاحمتی تحریکوں کو اندر گھس کر قبضہ جما لیتے ہیں اور عوام کے جبر سے آزادی کے ارادوں کو کند کر ڈالتے ہیں۔ سینسر شپ مخالف کام کو لے کر میرے اپنے تجربے بھی ایسے ہی ہیں کہ اس کا حوالہ دے کر ایران کو ایک تباہ کن سماج بتایا گیا جہاں لوگوں کو اظہار رائے کی آزادی میسر نہیں ہے، اور نوآبادیاتی طاقتوں کو سینسر شپ کی مخالفت کرنے کے ایرانی عوام کی تحریک کے ساتھ اتحاد ظاہر کرنے کے نام پر مداخلت کرنے کا بہانہ مہیا کراتی ہیں۔

ایران کی سنسر شپ مخالف تحریک اور عالمی استعماری مکالمہ کے درمیان ایسی پیچیدگی ہے کہ ذرا سی لاپروائی ہوئی نہیں کہ ایرانی مصنفین ان کے پھندے میں پھنسے۔ اس لیے ایرانی مصنفین کو ملک کے سیاسی اور سماجی ایشوز پر بات کرتے ہوئے انتہائی احتیاط برتنے ہوں گے۔ ایران کے عوام کو آزادنہ طور پر اپنی سینسر شپ مخالف تحریک چلانا چاہیے، اسے فروغ دینا چاہیے اور بہت احتیاط کے ساتھ اس کا دھیان رکھنا چاہیے کہ کہیں عالمی طاقتیں انھیں گمراہ کر کے ان کی تحریک کی کمان ان کے ہاتھوں سے جھٹک کر خود نہ سنبھال لیں۔

ایرانی حکومت اور عالمی استعمار یہ دونوں جس طرح اپنا مکالمہ پیش کرتے ہیں، وہ انھیں اپنے اپنے ڈھنگ سے عوام پر کنٹرول کرنے کے ہتھیار اور طاقت فراہم کرتا ہے۔ اسی لیے ایرانی مصنف کے لیے ضروری

ہے کہ وہ کسی ایک کی اَن دیکھی نہ کرے اور دونوں مورچوں پر برابر تیاری کے ساتھ اپنی لڑائی لڑے۔

'یولیسس' کا بغیر کسی ترمیم وتخفیف کے فارسی ترجمہ کا مستقبل ایک ایسا قدم ہوگا جو ایرانی مصنفین اور مترجمین کے سامنے ایک نظیر پیش کرے گا؛ سینسر شپ کے نظام کا بائیکاٹ کر کے اشاعت کو ممکن بنانا اور پورے ملک میں قانون کی خلاف ورزی کرتے ہوئے بغیر سینسر شدہ ادب کی تقسیم۔ سینسر مخالف مہم ایران کے عوام کے لیے ایک نئے طریقے کی مزاحمت کا تجربہ ہوگا جس سے ان کے شعور کی نئی جہتیں کھلیں گی۔

بد قسمتی سے ہم جس دور میں جی رہے ہیں، اس میں بغیر کسی ترمیم وتخفیف کے 'یولیسس' کا مکمل ترجمہ شائع کرنا ان سماجی طاقتوں کے ہاتھ مضبوط کر سکتا ہے جو موجودہ نو آبادیاتی نظام کی طرف قلعہ بندی کرنا چاہتے ہیں۔ یہ کام مکمل ہو جائے گا تو کتاب کا فارسی ترجمہ ہر طرح کے بازاری ہتھ کنڈوں سے آزاد رکھا جائے گا اور سبھی قارئین کے لیے مفت میں مہیا ہوگا۔ سب کے لیے مہیا ہونے کا یہ انتظام عام ایرانیوں کو تعلیمی عالمگیریت فراہم کرنے کی جانب پہلا مگر آخری قدم نہیں ہوگا۔

ایک ایرانی مصنف اور مترجم کے طور پر میں سینسر شپ کے بنائے دو رکاوٹوں سے نبرد آزما رہی ہوں۔ پہلی رکاوٹ ادبی تخلیق کو مکمل طور پر اصلی حالت میں لوگوں کے ساتھ ساجھا کرنے سے مجھے روکتی ہے اور دوسری رکاوٹ یہ کہ ان کے خلاف کیے جانے والی سیاسی سازشوں پر پردہ ڈالے رہتی ہے۔ میرا عہد ہے کہ میں اپنی لڑائی جاری رکھوں گی، اور وہ بھی ایک نہیں، دونوں محاذوں پر۔

[بشکریہ 'سمالوچن'، 30 اگست 2020]

اشعر نجمی کی مرتب کردہ دیگر کتابیں

ادبی مزاحمت کا نیا پیش لفظ

مزاحمتی نظمیں (انتخاب و ترجمہ)

مزاحمتی فکشن (انتخاب و ترجمہ)

فکری مزاحمت کے پہلو

ثقافتی مزاحمت اور معاشرہ